VICTOR AUGAGNEUR

Gouverneur Général honoraire des Colonies
Ancien Ministre

———

ERREURS
ET
BRUTALITÉS
COLONIALES

ÉDITIONS MONTAIGNE

Impasse de Conti N° 2

ENTRE L'ACADÉMIE FRANÇAISE ET LA MONNAIE

PARIS-VIᵉ

VICTOR AUGAGNEUR

Gouverneur Général honoraire des Colonies
Ancien Ministre

—

Erreurs et brutalités coloniales

ÉDITION ORIGINALE

ÉDITIONS MONTAIGNE

ERREURS ET BRUTALITÉS COLONIALES

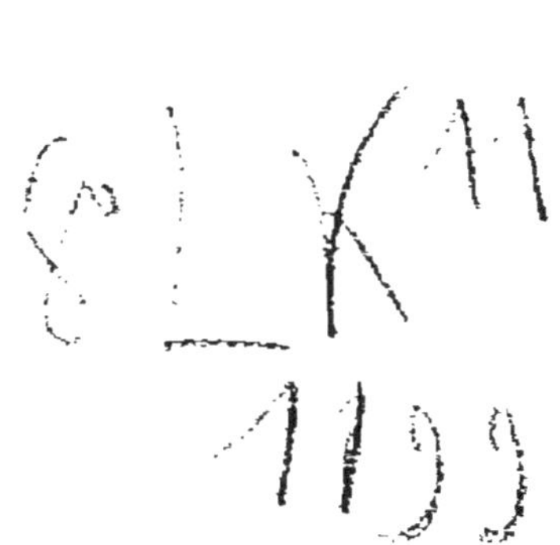

PREFACE

Erreurs et brutalités coloniales n'est pas un roman : c'est un livre d'histoire, dans lequel rien n'est rapporté d'après les dires de témoins à la mémoire souvent infidèle, ni d'après les récits de seconde main, dénaturés par leur passage de bouche en bouche.

Les faits exposés sont tirés de documents certains, et les plus graves certifiés par des lettres dont les auteurs sont les acteurs mêmes de ces événements.

La révolte des indigènes du sud-est de Madagascar, dont j'expose les péripéties et les causes, s'est produite il y a vingt-deux ans, de novembre 1904 à août 1905. Depuis cette époque, je suis en possession de tous les documents d'après lesquels est établie son histoire.

J'ai beaucoup hésité avant de les livrer à la publicité.

Une considération m'a déterminé : j'ai voulu éclairer l'opinion publique, constamment trompée par les communications officielles, la renseigner sur notre œuvre coloniale, si importante et si mal dirigée, montrer ce qu'il y a eu et ce qu'il y a encore derrière un décor trompeur, enlever le manteau voilant hypocritement de honteuses nudités.

Impartialement j'ai dépeint, par l'exposé rigoureusement exact des faits, la barbarie des indigènes et les barbaries des civilisés.

Mon but est de montrer ce que fut la politique indigène des Européens colonisateurs et ce qu'elle devrait être.

Contre la vérité s'élèveront des protestations véhémentes — je m'y attends — les unes sincères, les autres intéressées. L'opinion publique n'a jamais été instruite exactement sur nos entreprises coloniales ; elle ne connait les colonies que par la propagande tendancieuse de la presse, par des conférences, des discours adressés à des auditoires parlementaires ne connaissant rien des colonies, ou à des réunions de coloniaux trop intéressés, fonctionnaires ou colons, à applaudir l'orateur.

Le grand cheval de bataille des propagandistes, c'est l'œuvre civilisatrice de la France, la généreuse protection des indigènes, nous donnant figures de sentimentaux guidés, dans chacun de leurs actes, par un souci permanent, obsédant, de justice et d'humanité. Aux peuples demeurés dans la barbarie primitive, nous apportons le bienfait matériel de nos inventions pratiques, et les bienfaits plus hautement estimables de notre moralité de civilisés.

Je ne dis pas que ce tableau soit un pur mirage, que rien n'ait été réalisé de notre programme public de colonisation, mais combien souvent le paysage enchanteur cache un tableau de désolation !

En montrant quelles violations de principes, quels actes condamnables furent commis, je tirerai beaucoup de gens d'un rêve : l'homme en veut à qui, le réveillant, chasse un songe flatteur : Erreurs et brutalités coloniales heurtera l'opinion générale, cette opinion à qui nos colonies furent représentées comme autant de Salente, gouvernées par autant d'Idomenée.

A la foule j'apporterai des désillusions, à certains j'enlèverai du prestige; de celle-là et de ceux-ci je n'attends pas des applaudissements.

Certains chefs, quelques-uns civils, d'autres militaires, furent abominables dans leur conduite à l'égard des indigènes de Madagascar. J'ai attendu plus de vingt ans avant de le proclamer, parce que je voulais que par la mort ou la retraite, les coupables eussent disparu, que la prescription supprimât les peines méritées, ne laissant que la honte. J'ai voulu ainsi que mon récit prît une importance documentaire d'ordre supérieur, s'élevât au-dessus des questions de personnes, devînt une leçon de choses s'imposant aux directeurs de notre expansion coloniale, et si ceux-ci ne le voulaient comprendre, à une opinion publique en état de les dominer.

Je m'attends à être traité d'ennemi des colonies. J'en suis au contraire un partisan déterminé. Partisan de la colonisation pratiquée dans l'intérêt de la Nation tout entière et non pour le plus grand avantage de quelques-uns (colons privilégiés, fonctionnaires civils ou militaires), j'y vois une source de bien-être, un réservoir de matières premières, un accroissement de population, des bénéfices aussi importants que divers.

Mais la première condition d'une colonisation intelligente et productive, c'est d'avoir avec soi la population indigène.

A part l'Afrique du Nord et la Nouvelle-Calédonie, aucune de nos possessions coloniales n'est colonie de peuplement, un pays dans lequel des Français transplantés puissent vivre et travailler comme en France. D'ailleurs avec notre faible natalité, que ferions-nous de colonies de peuplement?

L'exploitation de nos possessions coloniales est impossible sans le concours des indigènes : les colonies seront bonnes ou mauvaises, prospères ou misérables, suivant que nous aurons su ou non nous attacher les naturels. Et c'est parce que dans presque toutes nos colonies cet apprivoisement de l'indigène n'a pas été intelligemment entrepris, parce que la manière dite forte a été brutalement employée, que la mise en valeur des territoires d'outre-mer a été retardée.

Les brutalités exercées sur les naturels m'indignent comme un manquement à la justice et aux principes de la civilisation ; elles m'indignent, non moins, comme contraires à nos intérêts matériels, comme une stupide maladresse au point de vue purement utilitaire.

Parce que j'aurai mis au jour le rôle néfaste de certains chefs militaires, leur despotisme exercé sur les indigènes, parce que sont révélés les agissements coupables de quelques officiers ou sous-officiers à Madagascar, je m'attends à être taxé d'anti-militarisme. Il suffira au lecteur, pour juger mes intentions, de constater que je rends hommage à ceux, nombreux, ayant montré que le courage et la discipline militaires sont compatibles avec le souci de la justice et de l'humanité.

Je m'attends encore à un autre reproche. Les événements survenus en 1904 à Madagascar se sont déroulés alors que le général Gallieni était gouverneur général. Ne vais-je pas attenter à la gloire coloniale de Gallieni?

Si j'avais trouvé, dans les actes incriminés, la responsabilité de Gallieni, je ne l'aurais pas dissimulée, soucieux uniquement et constamment de la vérité; mais l'étude des faits m'a imposé la con-

viction que Gallieni a ignoré les agissements de ses subordonnés, agissements qu'il eût certainement blâmés et fait cesser, s'il les eut connus.

A quoi bon, dira-t-on, rappeler des actes commis à Madagascar, il y a si longtemps ? Ne sont-ce pas là des faits isolés, spéciaux à une région de la Grande Ile ? En quoi cela intéresse-t-il notre politique coloniale générale ?

Ce qui s'est passé à Madagascar s'est passé ailleurs. Mon expérience personnelle ne porte pas seulement sur Madagascar, mais plus récemment sur l'Afrique équatoriale. Je ne suis pas convaincu que quelques fonctionnaires coloniaux soient, en ce moment encore, bien persuadés que la justice et l'humanité à l'égard des indigènes constituent les plus habiles moyens de colonisation, qu'ils ne tiennent encore pour la manière forte. Il n'est pas inutile de les rappeler à la pratique d'une saine autorité.

J'ai succédé au général Gallieni et suis arrivé à Madagascar le 14 décembre 1905. De 1895 à 1905, pendant les dix premières années de notre occupation, il ne s'était jamais écoulé six mois, sans que des troubles aient, sur un point quelconque de la Grande Ile, mis en branle une colonne de répression.

Du jour de mon arrivée à Madagascar, jusqu'aujourd'hui, il n'a plus été tiré un seul coup de fusil.

Je n'ai pas l'insoutenable prétention d'avoir, par un coup de baguette magique, modifié l'âme indigène; j'ai simplement changé les procédés d'administration. Je me suis efforcé d'imposer à tous des pratiques de justice. J'ai décidé que tout chef de poste, dans le ressort duquel éclateraient des troubles, serait immédiatement relevé de son com-

mandement, et je n'ai eu qu'une seule fois à sévir.

Je suis arrivé à Brazzaville en août 1920. Quelques semaines auparavant une tournée de police avait, d'après le journal de route des officiers la commandant, exterminé cinq cent trente-huit indigènes : hommes, femmes et enfants. (En A E F la tournée de police était de règle; plusieurs chaque année se promenaient dans des régions diverses.)

Cete hécatombe n'avait ému personne, ni le gouverneur de la colonie, ni le gouverneur général intérimaire, ni le général commandant supérieur des troupes. Bien au contraire, les autorités militaires demandaient au ministère de la guerre des récompenses pour les officiers ayant commandé cette tuerie.

D'août 1920 à mon départ de l'A E F, en 1924, les tournées de police ont été complètement interdites et ne devraient être jamais reprises. Bien plus, j'ai fait supprimer onze compagnies de tirailleurs; l'administration militaire a été remplacée par l'administration civile. Des fonctionnaires civils sont établis dans cette région jusqu'ici considérée comme irréductible, où se déroula la dernière tournée de police en 1921. Ces fonctionnaires ont les meilleurs rapports avec les indigènes au terrible renom, au milieu desquels ils vivent. Et cela durera tant que de nouvelles brutalités n'auront pas été commises. (1)

(1) *Au moment où je termine cette préface, j'apprends que les Bayas de la région de Boda, exaspérés par les procédés de l'administration chargée de recruter des travailleurs par la force, travailleurs expédiés loin de chez eux et succombant dans la proportion de 50 0/0 des recrutés, se sont révoltés et ont pris la brousse, après avoir tué et mangé les miliciens recruteurs. Voilà où aboutit la manière forte. Depuis cinq ans, cette région aujourd'hui révoltée était absolument calme.*

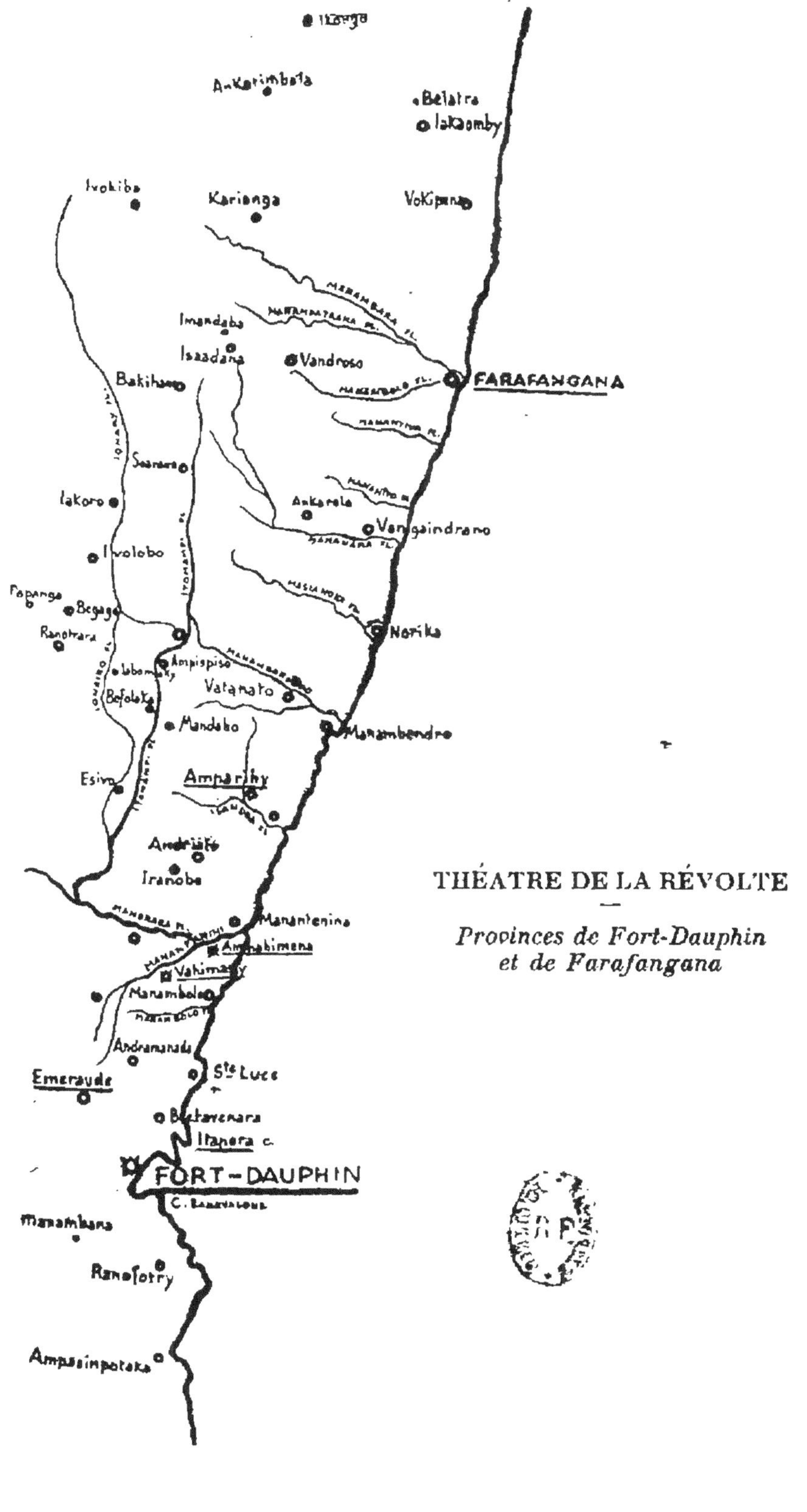

THÉATRE DE LA RÉVOLTE

*Provinces de Fort-Dauphin
et de Farafangana*

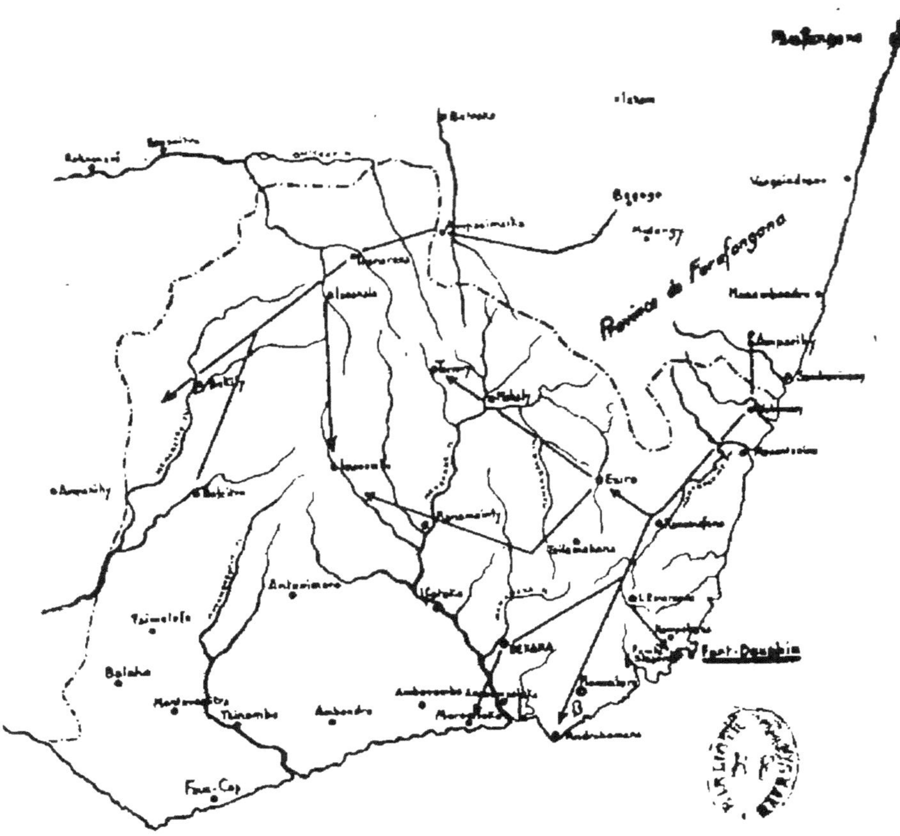

MARCHE DE L'INSURRECTION
DANS LE CERCLE DE FORT-DAUPHIN

Poste	Commandement	Nombre de fusils au commencement des hostilités
Begogo	Serg. Alphonsi	
Isoanala	Lieut. Garrou	16
Bekily	Serg. Feitsch	23
Imanombo	Lieut. Boulangé	34
Bekitro	Lieut. Masson	20
Amparihy	Serg. Vinay	
Manantenina	Serg. Malaspina	8
Esira	Serg. Piétri	9
Mahaly	Serg. Priat-Peyré	13
Tsivory	Cap. Bieau	39
Tsilamahana	Serg. Steninger	11
Ranomainty	Lieut. Amoux	11
Ifotaka	Serg. Sinampieri	16
Ranomafana	Hartmann (civil)	6
Behara	Cap. Maurillain	38
Ampasimpolaka	Adj. Cuenin	11
Manambaro	de Villèle (civil)	5
Fort-Dauphin	Cdt Leblanc	44

PREMIERE PARTIE

CHAPITRE PREMIER

L'Insurrection
dans la province de Farafangana

Assassinat du sergent Vinay, chef de poste d'Amparihy. — Marche des lieutenants Baguet et Janiaud de Befotaka sur Amparihy.

Le lieutenant Baguet est tué, le lieutenant Janiaud blessé, leur troupe dispersée. — Les révoltés se dirigent sur Vangaindrano.

Le colon Choppy assassiné à Manambondrono.

Le poste d'Amparihy était situé sur une falaise de la rive gauche de l'Onilahy, à son confluent avec l'Isandra.

Il avait pour chef le sergent Vinay, de l'infanterie coloniale, commandant une section de gardes de milice, armés de fusils modèle 1874.

Les miliciens étaient au nombre de vingt-deux, dont deux caporaux : Kotavy et Tsimanindry. Kotavy, au service depuis 6 ans, connaissait admirablement le pays dont il était originaire, puisque né à Sandravinany, village à douze heures de marche d'Amparihy. Son adresse au tir le distinguait des autres indigènes assez malhabiles dans l'usage des armes à feu. Ses chefs européens le considéraient comme un sujet d'élite.

L'autre caporal, Tsimanindry, avait été nommé par Vinay, uniquement parce qu'il avait été son domestique (boto). Vinay le considérait comme dévoué.

Tous les miliciens, nés et recrutés dans le pays, avaient des relations constantes et étroites avec la population indigène, dont les chefs, résidant à Amparihy même, étaient : Tsaramindy et Rahamaatonga.

Le 15 novembre 1904, vers dix heures du matin, le sergent Vinay, chef du poste d'Amparihy, quittait sa résidence, allant inspecter la région placée sous son commandement.

Ce motif officiel de déplacement permettait au sergent de se rendre au village de Marotsipanga, où l'attiraient des raisons autres qu'administratives.

Une de ses trois — d'autres disaient sept — compagnes indigènes, la femme Itadava, était fille d'un habitant de Marotsipanga. En quittant Amparihy, le sergent avait fait partir Itadava, sous la garde du milicien Tsilava, leur donnant rendez-vous à Marotsipanga.

Le 17 novembre, après la nuit passée au village de Manambondro, où il donna des ordres, Vinay arrivait à Marotsipanga accompagné d'un seul milicien. Au départ d'Amparihy, Vinay était escorté par deux miliciens : l'un d'eux, Mahatody, avait été en cours de route, chargé d'escorter 27 bourjanes(1) allant payer l'impôt à Vangaindrano, chef-lieu du district. Mais à Marotsipanga le sergent retrouva Tsilafa, le convoyeur d'Itadava; il avait donc deux gardes armés de fusils modèle 1874; mais Isapoty et Tsilava ne possédaient pas de cartouches.

(1) *Bourjanes, nom malgache synonyme de sujets indigènes, ouvriers, agriculteurs, porteurs, etc...*

N'ayant en ses subordonnés qu'une confiance limitée, le sergent leur avait enlevé leurs munitions. Lui-même était porteur, outre une arme de chasse, d'un fusil Lebel.

Arrivé près de Marotsipanga, Vinay vit venir à lui le chef de ce pauvre village, dont l'importance et la puissance se limitaient à quelques cases. Le chef avertit Vinay que dans les environs rôdait Mahafiry, chef du faritany (canton) dont il dépendait. Mahafiry devait avoir de mauvais desseins puisqu'il avait interdit aux chefs des villages placés sous son autorité de recevoir le sergent Vinay ; d'autre part, projetant de tuer ce dernier, à sa sortie du village, il avait rassemblé des hommes à cet effet. Lui, chef sans influence, sans aides, se jugeait incapable de défendre le sergent. Et redoutant Mahafiry, il le suppliait de ne pas coucher à Marotsipanga, de pousser jusqu'à Antanamalaza, dont le chef plus puissant pourrait lui donner l'hospitalité et la sécurité. Vinay haussa les épaules et maintint sa décision de coucher à Marotsipanga. Ce que voyant, le chef, désireux de mettre sa responsabilité à couvert dans le cas où Mahafiry donnerait suite à ses menaces, avertit le sergent qu'il quittait le village et se réfugiait dans les bois avec sa famille. Il lui fit donner avant de partir des œufs et des poulets. Vinay se coucha dans la case du chef ; Itadava demeura chez son père dans une hutte, à quarante mètres environ de celle où dormait le sergent.

Dès la nuit venue, des indigènes s'étaient rassemblés en certain nombre et un *Kabary* (1) s'ouvrit où se discuta le sort réservé à Vinay. Les uns propo-

____

(1) Le Kabary *est le nom malgache de toute réunion où s'échangent des opinions et des discours.*

saient de le ligoter et de l'envoyer jusqu'à Vangaindrano au chef du district, l'administrateur de
Juzancourt ; d'autres opinaient pour qu'il fût tué
d'un coup de sagaie. Rebotolo aurait, ainsi qu'il
l'a déclaré après avoir été arrêté — déclaration
d'une sincérité douteuse —, protesté contre le
projet d'assassinat, disant que le *vazaha* avait de
bons fusils et que les assaillants risqueraient gros.

L'opinion de Mahafiry, chef du canton, appuyé
par ses deux fils Imoza et Fandrana, par les chefs
de clan Ingaoka et Rahamahatonga, l'emporta : on
décida d'en finir.

Ces cinq hommes, accompagnés de Rebotolo,
pénétrèrent dans la case où reposait Vinay, se pré-
cipitèrent sur lui et le frappèrent à coups de
hache. Sa mort fut rapide. Un des fils de Mahafiry
coupa les mains de la victime ; Mahafiry lui-même
sectionna les pieds, brisa une cuisse au-dessus du
genou. Mains et pieds furent emportés par les
assassins et montrés dans les villages comme des
trophées, prouvant que les indigènes avaient eu
raison d'un *vazaha* (blanc).

Avec Vinay était couchée dans la case la femme
Ianganonaro, une de ses concubines attitrées. Les
assaillants la saisirent et la dévêtirent complètement après le meurtre du sergent. Elle nourrissait
un enfant âgé de quatre mois, métis de Vinay. La
voyant d'une maigreur extrême, les assassins la
dédaignèrent ; quelques-uns voulaient la tuer,
d'autres s'y opposèrent. Elle reprit ses vêtements
et plaça à la mode indigène son enfant sur son
dos, comme pour se mettre en route. A ce moment,
un des hommes de la bande lui asséna un violent
coup de bâton qui atteignit les têtes de la mère et
de l'enfant. Celui-ci mourut quelques jours plus

tard, vraisemblablement des suites de la blessure.

Ianganonoro sortit dans le village et, le lende-main matin, son père vint la retrouver et l'em-mena chez lui à Sandravinany, agglomération située à quelques kilomètres du théâtre du drame.

Les indigènes ayant envahi le village où s'était perpétré l'assassinat, étaient nombreux, mais seu-lement une dizaine d'entre eux avaient pris part au meurtre.

Itadava, l'autre maîtresse couchée dans la case de son père, à quelques mètres de celle occupée par Vinay, ne bougea pas et demeura après le meurtre au village : était-elle renseignée ?

Avant de quitter le théâtre du crime, Mahafiry et ses complices avaient désarmé les deux miliciens couchés dans des cases du village et les avaient laissé partir. Les miliciens, dépourvus de cartou-ches, n'avaient pu opposer aucune résistance.

Le chef de Marotsipanga, après leur départ, rentra dans son village et inhuma les restes de Vinay, puis craignant à la fois les représailles des blancs et les violences des insurgés, il se réfugia dans la forêt où il vécut jusqu'à la fin des troubles.

Leur coup fait, les assassins de Vinay quittèrent Marotsipanga et coururent jusqu'à Amparihy, où ils se savaient des adhérents et des complices : c'est là que nous les retrouverons dans deux jours. Depuis un mois au moins s'étaient tenus de nom-breux *kabary* à Amparihy. Les principaux agita-teurs étaient les chefs mêmes d'Amparihy, où rési-dait Vinay : Tsaramindy et Rahamaatonga. Maha-firy, chef d'Isahara, le héros de la scène du meur-tre à Marotsipanga, était accompagné là de Tsi-rondahy, Malaizanana et Tsilefa, qui tous avaient pris part au meurtre de Vinay. La mort du sergent avait été décidée dans des réunions de ce genre. En venant à Amparihy les assassins avaient pour but de s'emparer du poste, de l'argent, des armes qui s'y trouvaient.

Le projet ne devait rencontrer aucun obstacle. Le poste, où il n'y avait aucun blanc, était aux mains du groupe de miliciens, enfants du pays, mécontents de leur chef Vinay, et informés depuis longtemps des dispositions de la population avec laquelle ils vivaient en parfait accord.

Le 19 novembre au matin, les révoltés arrivent à Amparihy, ils annoncent aux miliciens la mort de Vinay; leur en montrant la main droite et les pieds, ils les supplient, comme enfants du pays, de se joindre à eux, afin de se débarrasser de l'autorité tyrannique des blancs. Ces exhortations sont écoutées par les miliciens, entraînés par les deux caporaux (leurs seuls chefs présents) Kotavy et Tsimanindry. Deux des miliciens présents, Soavy et Izava refusent de s'associer aux révoltés ; on les laisse libres de partir sans armes.

Le caporal Kotavy ouvre les portes de la prison dans laquelle étaient détenus plusieurs indigènes, qu'il met en liberté. Immédiatement commence le pillage du poste. Le caporal Tsimanindry partage, entre les révoltés, les armes, les cartouches, l'argent.

Mahafiry, le principal assassin de Vinay, a pour sa part le fusil Lebel de sa victime; un autre emporte un sac d'argent.

Le pillage terminé, Rahamaatonga et Tsaramindy, chefs du village, incendient le poste et tous demeurent à Amparihy avec les caporaux Kotavy et Tsimanindy, les miliciens Betreky, Drienaivo, Ragody, Begaka, des gens d'Isara, de Sandravinany et des Sahafora, tous habitants du district de Vangaindrano.

Les troupes françaises les plus voisines du théâtre du drame étaient commandées par le capitaine Quinque, chef du district de Midongy du Sud. Le 20 novembre vers seize heures, une lettre privée du soldat Méric, secrétaire du district de Vangaindrano, arrivant à Midongy, annonçait, sans donner de détails précis, l'assassinat de Vinay.

Le capitaine Quinque, sans plus ample informé, envoya immédiatement au lieutenant Baguet à Befotaka, commandant le poste militaire le plus rapproché d'Amparihy, la lettre suivante :

Mon cher Baguet,

Je vous adresse le courrier de France ainsi que pour Janiaud.

D'après des renseignements officieux donnés par Méric à Grosnom, le sergent Vinay aurait été assassiné à Amparihy. Pas d'autres détails : de Juzancourt est parti aussitôt. Je vous prie, mon cher Baguet, de vous mobiliser avec Janiaud et quelques hommes d'escorte et de pousser une pointe aux renseignements vers et à Amparihy.

Janiaud reviendra d'Imandabe à Midongy. Vous voudrez bien m'adresser au plus vite les renseignements sur le bien ou non fondé de la nouvelle, et, en cas de véracité des faits, tous détails pour le compte-rendu à adresser au commandant des troupes.

Amitiés et bonne chance.

QUINQUE.

Le lendemain 21, le capitaine Quinque complétait ses instructions.

Renseignements que je vous ai transmis bien

confirmés, remis officiellement par caporal en escorte sur Farafangana. Sergent Vinay aurait été assassiné dans la nuit du 17 au 18 par bourjanes révoltés au nombre de 5 à 6.000. Détails encore inconnus.

Tenez prêt à marcher, sous vos ordres directs, un détachement de 20 tirailleurs qui emporteront 4 jours de vivres et 120 cartouches. Vous laisse toute initiative sur l'opportunité d'une action rapide sur Amparihy, d'après les renseignements particuliers que vous pourriez obtenir.

Je pars pour Vangaindrano avec un fort détachement, cette place se trouvant déjà menacée d'une attaque à la date du 20 novembre. Tous les bourjanes auraient pris la fuite.

Cette dernière dépêche, étendant la mission du lieutenant Baguet, limitée par la première lettre à la recherche de renseignements, ne parvint pas à son destinataire. A 7 heures du matin, le 21 novembre, une demi-heure après réception de la lettre expédiée par le capitaine Quinque, la veille, de Midongy, le lieutenant de Befotaka s'était mis en route à destination d'Amparihy.

Le détachement sous les ordres de Baguet se composait du lieutenant Janiaud, d'un caporal indigène, de 10 tirailleurs et d'un partisan, soit 12 fusils, plus une vingtaine de porteurs.

Le lieutenant Janiaud n'appartenait pas au poste de Befotaka, mais à celui d'Iakora. Il se trouvait à Befotaka par hasard, au cours d'une mission topographique. Comme la lettre du capitaine Quinque lui prescrivait de rentrer à Midongy par Imandabe, les deux officiers se demandèrent si le lieutenant Janiaud se dirigerait vers Midongy à l'aller ou au retour d'Amparihy. Ils opinèrent pour le retour et partirent ensemble, jugeant, comme l'écrivait le lieutenant Janiaud au capitaine, que, dans les circonstances graves, il vaut mieux être deux qu'un seul.

Le détachement emportait trois jours de vivres et 40 cartouches par homme. La petite troupe passait à 11 heures 30 à Imandabe, y déjeunait, et repartait une heure plus tard pour Amparihy.

La marche était pénible par une forte chaleur, dans l'air saturé d'humidité, sur une piste caillouteuse ; les deux officiers n'échangeaient que de rares paroles, quand l'allure de la colonne les réunissait. Le lieutenant Janiaud, dans son rapport, a relaté quelques-uns de ces entretiens. Baguet était optimiste, voyant leur expédition toute simple : ils arriveraient le soir à Amparihy où ils rencontreraient l'administrateur de M. de Juzancourt, dont la lettre du capitaine annonçait la mise en route. L'administrateur aura amené des renforts ; lui Baguet se mettra à ses ordres et Janiaud rentrera à Midongy, comme il lui a été prescrit. Et les deux officiers se rassuraient, croyant Vinay victime d'une vengeance ou d'une haine individuelle, sa mort n'ayant de gravité qu'en marquant de la part d'un ou plusieurs indigènes une audace inconnue, celle de s'attaquer à un blanc.

Cependant, à la limite du territoire d'Amparihy, les deux officiers s'inquiètent. Pendant 5 heures de marche, ils trouvent un pays où tout a été brûlé ; et dans certains points le feu brille encore. Janiaud voit dans cette destruction une preuve de l'état d'esprit dangereux de toute la population, une manifestation d'hostilité. Il fait part à son camarade de ses craintes ; peut-être trouveront-ils le poste lui-même incendié, à Amparihy.

Baguet demeure optimiste, fait admirer à Janiaud les magnifiques rubans de feu se mêlant aux rayons du soleil couchant.

La colonne arriva en pleine nuit, à 20 h. 30, sur les bord de l'Onilahy, au point de passage de la rive droite sur la rive gauche, là où devait se dresser le poste d'Amparihy.

De la rive droite de la rivière, on apercevait difficilement l'autre bord, à la clarté de la lune voilée par les fumées abondantes qui s'élevaient de la brousse incendiée.

Quelques cases semblaient se profiler sur le ciel, au haut de la falaise dominant la rive gauche de l'Onilahy, mais la vue en était incertaine : aucun feu ne brillait là où se soupçonnait un village.

A Janiaud, cette immobilité, ce silence, cette obscurité paraissaient de mauvais présage. Baguet ne s'étonnait point, disant qu'à cette heure tous devaient dormir.

Au point de passage de l'Onilahy, la colonne ne trouva pas les pirogues qui attendaient en tout temps les voyageurs. Deux bourjanes du convoi passèrent la rivière à la nage, pensant découvrir les pirogues sur l'autre rive : leurs recherches furent vaines. Baguet considère cette disparition des pirogues comme ayant une gravité significative et renvoie les deux nageurs voir ce qu'il y a dans le poste.

Quinze minutes plus tard ces hommes reviennent : le poste est brûlé entièrement et abandonné.

Baguet à 21 heures adresse au capitaine Quinque un bref rapport sur la situation : il n'a pas trouvé de pirogues pour passer l'Onilahy ; le poste est brûlé et abandonné. Il envoie à Befotaka, au sergent Vève qui y est demeuré, l'ordre de venir à Amparihy, il demande des renforts à Midongy ; avec les 7 tirailleurs, amenés de Befotoka, Vève reconstruira le poste d'Amparihy, où Midongy devra envoyer 15 à 20 hommes; toute la forêt sur un rayon de 8 kilomètres est brûlée autour d'Amparihy. Le lendemain il traversera la rivière et il ira au poste voir exactement ce qu'il en est.

Baguet prit pour la nuit les dispositions suivantes :

Bivouac sur place en carré. Des bourjanes du convoi garnissant les faces ; un groupe de 3 fusils à chaque angle, fournissant devant lui une sentinelle ; les officiers et les bagages au centre du carré.

Pour ne pas attirer l'attention, on ne fit pas de cuisine, pas de feu ; les tirailleurs et les porteurs de mangèrent pas, les deux officiers prirent un peu de pain trempé dans du vin.

Vers 23 heures, le partisan vint dire aux officiers ce qu'il avait appris d'un bourjane d'Imandabe. M. de Juzancourt n'était pas à Amparihy ; la garnison du poste (garde régionaux) avait fait défection, était passée aux rebelles ; le même événement s'était produit à Manantenina (province du Fort Dauphin).

Les deux officiers tinrent conseil. Janiaud était d'avis de rétrograder. L'occupation de l'emplacement du poste détruit, tenu peut-être par les rebelles, n'avait plus d'importance et, avec leur faible troupe, pouvait être dangereuse.

Baguet ne voulut rien entendre : *« Ce serait être capon que d'abandonner. Partez, si vous le voulez, dit-il sèchement, moi je reste. Il faut enrayer le mouvement de révolte, si révolte il y a, ce qui n'est point certain, puis châtier les mili-*

ciens déserteurs, et retrouver le corps de Vinay. »

Et ceci dit, il adressa une nouvelle lettre à Midongy, contenant et les renseignements recueillis et l'exposé de ses projets.

Ce devait être le dernier écrit du lieutenant.

En demeurant là où il établissait son bivouac, Baguet avait commis une faute irréparable.

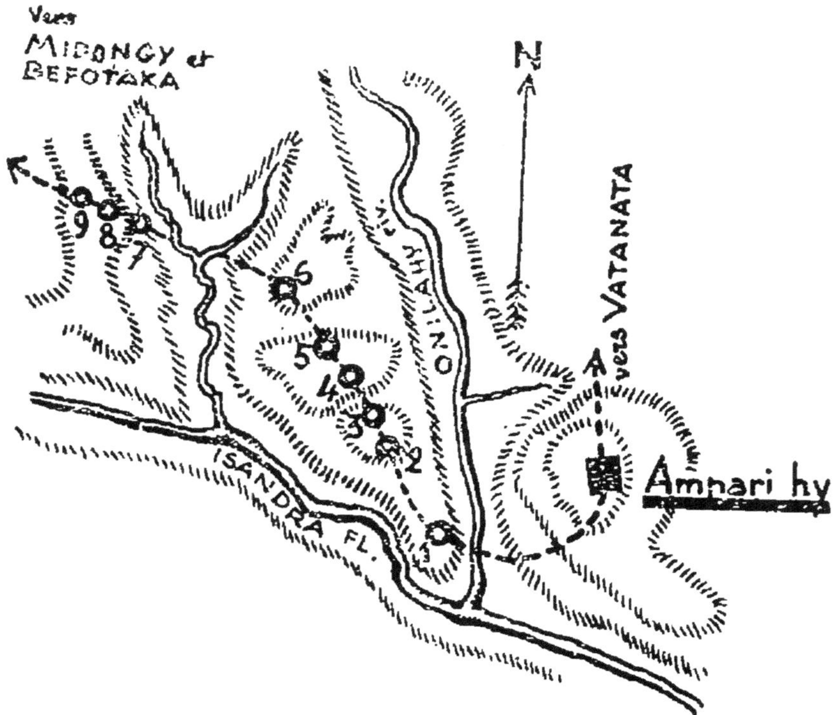

Le croquis ci-joint le démontre à merveille. Placée à la pointe extrême de la presqu'île formée par le confluent de l'Isandra et de l'Onilahy, la colonne n'avait qu'une ligne de retraite vers les hauteurs en amont du confluent. Du poste et du village d'Amparihy, construits sur la falaise dominant la rive gauche de l'Onilahy, tous les mouvements de la troupe venue de Befotaka étaient aisément suivis et surveillés. Enfin la seule ligne de retraite possible devait être facilement coupée — et c'est ce qui arriva — les occupants d'Amparihy pouvant, en amont, passer l'Onilahy sur un seuil rocheux, formant un gué toujours praticable.

Dès quatre heures du matin, le 21 novembre, la petite troupe était sur pied, après une nuit pénible de,veille ; les armes étaient chargées.

A l'aube, le caporal était envoyé reconnaître le gué de l'Onilahy. A ce moment le partisan très ému, montra du doigt des silhouettes se déplaçant sur le sommet où se trouvait le poste avant sa destruction. Baguet fit placer ses douze fusils en ligne, face au poste, les hommes abrités tant bien que mal par quelques broussailles ayant échappé à l'incendie.

Sur le mamelon, emplacement du poste, les ombres se précisaient de plus en plus nombreuses, s'agitant, se déplaçant, véritable fourmilière. Le jour devenu plus clair permettait enfin de distinguer parmi la foule les uniformes, les galons, les armes des miliciens.

Toujours optimiste en voyant ces quelques miliciens, l'air affairé, paraissant visiter l'emplacement du poste comme s'ils cherchaient quelque chose, Baguet pensa qu'ils faisaient partie de l'escorte accompagnant l'administrateur de Vangaindrano, M. de Juzancourt, dont il attendait l'arrivée. Il renonça à sa première idée, celle de leur adresser une salve, et résolut de parlementer. Janiaud proposa de quitter l'emplacement du bivouac, de remonter la presqu'île où il était facile de couper à la colonne toute retraite. Baguet refusa, ne voulant pas défiler sous les yeux d'ennemis possibles, en étalant la faiblesse de son effectif.

Le partisan fut chargé de demander aux occupants du poste qui ils étaient et ce qu'ils faisaient. Un colloque s'engagea :

Le Partisan : Qui êtes-vous, des tirailleurs ou des *fahavalos* ? (révoltés, dissidents, etc.)

Un milicien : Nous sommes des miliciens.

— De quel poste ?

— D'Amparihy.

— Y a-t-il un *vazaha* avec vous ?

— Oui, mais il n'est pas là en ce moment. Et vous, là-bas, qui êtes-vous ? Etes-vous avec le vazaha de Befotaka ?

— Oui. Que l'un de vous vienne se faire reconnaître et nous montrer le gué.

— Nous descendons.

A ce moment les deux officiers s'étaient redressés et debout derrière quelques branchages, ils reçurent la décharge d'une violente fusillade, dont les balles sifflèrent à leurs oreilles.

Baguet s'écria : « Nous sommes trahis! ». Il fit quelques pas en arrière, hors de la piste, et rallia tout son monde. Les porteurs du convoi se jetèrent dans l'Isandra, le passèrent à la nage et s'enfuirent en en remontant la rive droite.

Pourquoi les officiers et les tirailleurs n'en firent-ils pas autant ? Peut-être ne savaient-ils pas nager ou ne voulurent-ils pas paraître fuir ? Si elle était possible, cette retraite par l'Isandra eut été cependant la plus sage des résolutions.

Baguet et Janiaud prirent chacun un des fusils de leurs hommes, qui leur passaient des cartouches.

Le feu s'engagea nourri, trop nourri, puisque la troupe ne possédait que 420 cartouches. Ces munitions devaient être bien vite épuisées, les tirailleurs tirant à jet continu, incapables de suivre une discipline de tir.

Les révoltés d'Amparihy étaient descendus comme ils l'avaient annoncé, avaient passé l'Onilahy à gué et s'étaient trouvés naturellement sur les derrières de la petite troupe, ainsi cernée entre le confluent des deux rivières et les occupants d'Amparihy.

Dès le commencement de l'action, les deux officiers et leurs douze hommes se virent en face de quatre-vingt adversaires, ayant l'avantage de la position constituée par un repli de terrain (N° 1 du croquis).

Mais rapidement le nombre des assaillants s'augmentait de ceux qui descendaient du poste.

Dès les premiers coups de feu, Baguet fut atteint légèrement au-dessus de l'œil gauche ; le sang coulait, mais la blessure était insignifiante ; le partisan fut tué (N° 2), le tirailleur Tsirambosy fut entouré par les ennemis et coupé du gros de la troupe. Des assaillants armés de sagaies séparèrent la petite colonne de l'unique route par laquelle pouvait s'effectuer la retraite.

Une charge à la baïonnette brisa cette barrière de sagaies. Un instant Baguet et Janiaud se crûrent sauvés. A pas précipités, ils s'engagèrent sur la route. Baguet plaisantait : « Quelle conduite de Grenoble, disait-il. »

Cependant, la poursuite de l'ennemi devenait pressante. A la première hauteur la troupe fit demi-tour pour riposter au feu de l'assaillant et diminuer sa pression. Le tirailleur Rainivasa a le pied gauche fracassé par une balle. Son fusil est pris par un de ceux ayant donné le leur aux officiers. Deux camarades sur l'ordre de Baguet emportent le blessé.

A ce moment la troupe se trouve réduite aux deux officiers, à 6 tirailleurs valides et au caporal indigène.

Un feu bien dirigé arrête un instant la poursuite, mais les assaillants quittent la route, se répandent dans la brousse qui la borde et tirent sans répit ; les officiers distinguent le tir des 74, d'un ou plusieurs Lebel, de fusils baras enfin, faisant plus de bruit que de mal, aux coups largement espacés en raison du temps nécessaire à les recharger.

Au pas gymnastique, la troupe gagne la crête suivante où elle reste deux minutes, le temps de tirer 6 ou 10 cartouches. Nouvelle course jusqu'à la crête suivante ; au départ le tirailleur Andrianalazavalo tombe frappé au jarret. Personne ne peut l'emporter : il est abandonné, son fusil et ses cartouches sont pris par un valide (N° 5).

Quelques pas plus loin, le tirailleur Rafakalahy a la cuisse traversée par une balle ; il continue à courir, passe son fusil à un autre tirailleur.

Arrivés à leur troisième halte, les officiers n'ont plus avec eux que cinq tirailleurs, dont deux sont embarrassés par plusieurs fusils. Abrités derrière la crête et un gros arbre mort, les officiers, par leur tir, arrêtent encore l'ennemi ; mais il ne reste que quatre cartouches.

Janiaud en se soulevant pour se porter un peu à gauche, reçoit une balle qui coupe la bretelle de son fusil et le touche à la cuisse droite, où elle creuse un sillon large et profond : l'hémorragie est abondante.

— Pouvez-vous marcher, dit Baguet ?

— Oui, l'os n'est pas atteint.

— Alors, tâchons de gagner cette autre crête où nous nous ferons tous tuer : nous n'avons plus de munitions, nous sommes exténués, c'est fini !

La fuite recommence ; elle dégénère en sauve-qui-peut ; les tirailleurs plus agiles devancent et abandonnent les officiers ; seul le caporal Isanga demeure bravement avec eux ainsi que le tirailleur Rainizanabelo; ce dernier offre son épaule où s'appuie Baguet harassé.

Ils traversent à eux quatre un affluent de l'Isandra et plus loin commencent à gravir la côte.

Janiaud épuisé par l'hémorragie sent sa jambe se raidir. Il ne peut plus suivre Baguet et lui dit en faisant ses derniers efforts : « Je n'en puis plus. je meurs ici, mais ils ne m'auront pas vivant. Adieu, tâchez de vous sortir de là ». « Bon Dieu ! répond Baguet, je ne vous quitte pas, nous allons mourir ensemble » et il crie : « Ralliement à nous », voulant grouper les quelques tirailleurs encore debout qui précèdent les officiers. Peine perdue ! les tirailleurs avaient déjà atteint la crête suivante.

Janiaud reprend, tout en courant encore : « Ils vont s'amuser avec moi; fuyez avec les tirailleurs ». Baguet se décide, prend le fusil de Janiaud et s'éloigne.

Janiaud tombe ; les poursuivants poussent des cris de triomphe. Sur la 4ᵉ hauteur, les tirailleurs se sont retournés et brûlent leurs dernières cartouches.

Janiaud tombé voit les poursuivants s'arrêter un instant sous les ultimes coups de fusil des tirailleurs en retraite. A côté de lui, coule un ruisseau boueux et entouré de plantes piquantes et touffues. Il s'y laisse tomber, se disant que les poursuivants mettraient un peu plus de temps à le chercher. De l'eau fangeuse dans laquelle il était accroupi, ne sortaient que les yeux et le bout du nez de l'officier, ainsi que son revolver armé dont le canon émergeait de quelques centimètres; des touffes d'herbes le dissimulaient.

La fusillade se tut du côté des tirailleurs; les révoltés reprirent leur poursuite. Arrivés près de l'endroit où était tombé Janiaud, les poursuivants, après l'avoir dépassé, s'étonnèrent de ne le point voir.

Ils voulaient s'arrêter et le rechercher. Le caporal de milice, Kotavy, qui paraissait commander, s'y apposa : « Laissons des sentinelles qui surveilleront cette place, ne lâchons pas les autres, nous les tenons, celui-là nous le prendrons au retour ».

Toute la bande repartit en courant. Bientôt après quelques coups de feu, Janiaud entendit des cris de victoire. Il comprit que son camarade Baguet avait dû succomber.

Après un temps assez long, la bande victorieuse réapparut; les révoltés joyeux rapportaient des armes, 4 fusils Lebel, des baïonnettes, le revolver de Baguet, sa montre, tout son équipement, ses vêtements et ceux des tirailleurs tués. La bande s'était arrêtée à quelques pas de Janiaud, dont je transcris le récit tel qu'il l'a rédigé lui-même après l'événement :

« Ce n'est pas tout, dit un des caporaux, il faut maintenant découvrir l'autre ». Chacun se mit en chasse. Ils fouillèrent la rivière herbeuse avec leurs sagaies, dont une frôla le corps du lieutenant. Pensant que le blessé avait dû remonter le ruisseau, ils se dirigèrent vers l'amont, et ne cessèrent que vers midi leurs recherches infructueuses. Un instant Janiaud se crut découvert : un indigène entrait dans la rivière près de lui, mais puisait, pour boire, un peu d'eau dans le creux de sa main.

Epuisé par la marche, par une nuit sans sommeil, par cinq ou six heures passées dans l'eau, par la perte de son sang, par la douleur de sa blessure, par quarante-huit heures d'inanition, Janiaud se sentait épié, se savait à onze heures de marche de Befotaka, à seize heures de Midongy, postes les plus voisins, voyait à quelques centaines de mètres le cadavre de Baguet, son camarade.

A la nuit les sentinelles disparurent. Janiaud sortit de sa retraite humide et lentement s'éloigna sur le chemin. Il passa près du cadavre de Baguet, les pieds et les mains coupés, tout lacéré de coups de sagaies. Cinquante pas plus loin, c'est le corps du tirailleur Rainizanabelo, dépouillé de ses vêtements.

A 2 heures du matin, Janiaud arrivait au village d'Ambolaboka. Les habitants lui donnèrent à manger du miel, des œufs, des bananes, confectionnèrent un brancard de fortune. Quatre hommes le portèrent au village d'Ambatomainty, où il retrouvait les porteurs du convoi de Baguet, ceux qui avaient traversé l'Isandra. Les porteurs l'amenèrent à Midongy où il parvint au matin.

*
* *

Cette expédition manquée avait coûté la vie au lieutenant Baguet et à trois tirailleurs. Rainivaza, le pied gauche brisé, avait été achevé à coups de hâche ; Rainizanaka, atteint d'une balle au ventre, fut tué à coups de sagaies ; Andiamalazovola, blessé au jarret, fut achevé à coups de hâche. Le partisan Isola avait été tué par une balle.

Avaient été blessés : Le lieutenant Janiaud, le tirailleur Ravelo touché à la poitrine par une balle, le tirailleur Rafaralahy : blessure par balle à la jambe, sans lésion osseuse.

Pertes moins douloureuses au point de vue sentimental, mais plus graves parce qu'elles permettaient aux révoltés de continuer la campagne : celles des armes. Quatre fusils modèle 1886, une carabine et huit sabres-baïonnettes.

Les révoltés avaient été conduits par les caporaux miliciens Kotavy et Tsimanindry. Leur troupe se composait de quatre miliciens : Betreky, Drienairo, Ragady et Regaka, de gens de Sandravinany, de Sahafera, tous appartenant au sous-district commandé par Vinay. Pendant le combat les assaillants avaient, eux aussi, subi des pertes ; le milicien Regaka avait été tué ; Ragady, autre milicien, avait été blessé dans le dos ; Firaka, un des beaux-pères de Vinay, avait reçu une balle dans la cuisse, et Ibezo, de Sandravinany, avait été touché à l'épaule.

Cette malheureuse affaire d'Amparihy eut le plus déplorable effet. Sans la déroute infligée à la troupe de Baguet, il est très probable que la révolte presque générale qui suivit, n'eût pas éclaté et que l'assassinat de Vinay fût demeuré un incident local.

Après l'assassinat de Vinay, l'incendie et le pillage du poste d'Amparihy, les assassins, voleurs et incendiaires étaient restés sur place, ne paraissant pas avoir un plan quelconque, destinés à devenir des coureurs de la forêt, comme tous les réfractaires à l'occupation française, et, de plus, en tant que délinquants et criminels de droit commun se soustrayant au châtiment.

Si Baguet avait réoccupé Amparihy, tous les coupables des actes dont l'assassinat de Vinay fut le premier, auraient pris la brousse, ajoutant quelques unités à ses nombreux habitants.

La défaite de Baguet changea complètement la situation. Il ne s'agissait plus, comme dans l'assassinat de Vinay, d'un guet-apens nocturne, dans lequel, sans risque, sans lutte, des indigènes avaient tué un *vazaha*. Avoir tué un *vazaha*, c'était grave pour les meurtriers, mis hors la loi, condamnés pour toujours à l'existence précaire des fahavalos. De ce meurtre la vengeance planerait, leur vie durant, sur ses auteurs. La puissance redoutable des blancs n'était pas atteinte dans son prestige.

Il en allait tout autrement avec la défaite et la mort de Baguet. Les blancs redoutés, invincibles, avaient été vaincus les armes à la main, dans une bataille rangée : leur prestige n'existait plus, les indigènes se sentaient capables de secouer leur joug. La mort de Vinay avait pu réjouir les indigènes détestant l'autorité du blanc ; elle les avait effrayés davantage encore par la crainte, la certitude des représailles. Mais la déroute, l'anéantissement des tirailleurs de Baguet, sa mort, la mort présumée de Janiaud, leur donnaient conscience de leur force, les persuadaient qu'ils étaient en état de se libérer, de chasser le blanc, de réaliser leur rêve de toujours. La mort de Vinay ne serait point génératrice de vengeance à leurs dépens, mais l'aurore de leur indépendance.

Les noms des caporaux ayant dirigé les révoltés dans l'affaire d'Amparihy, devinrent des noms de héros, celui de Kotavy surtout, qui avait, tireur adroit, blessé Janiaud, blessé puis tué Baguet. C'est ainsi que Kotavy, dont le rôle fut singulièrement grandi et par les indigènes et par les Français, passa pour un chef, alors qu'il fut simplement, de tous les révoltés, le plus habile à se servir de fusil. Kotavy n'eut jamais un rôle de chef, dans un milieu indigène où l'autorité est toujours précaire ; il n'eut aucun plan d'action concertée. Kotavy tint simplement la brousse comme tant d'indigènes isolés ou en petits groupes, s'établissant là où ils se croyaient à l'abri des investigations du blanc, de ses tournées de police, dressant quelques cases misérables baptisées par les chefs de poste redoutables repaires : ainsi nous trouverons Kotavy dans les *repaires* de Iabomary et de Papanga.

Kotavy le révolte ne fut pas un insurgé, mais un milicien déserteur, un milicien mutiné, fuyant la punition ; rien de plus.

Cette affaire d'Amparihy fut la véritable cause occasionnelle de la révolte du Sud : la responsabilité de ceux qui provoquèrent la défaite est grave.

Le lieutenant Baguet commit une faute irréparable, inexplicable au point de vue militaire, celle de se laisser enfermer dans la presqu'île formée par le confluent de l'Isandra et de l'Onilahy, de ne pas, ensuite, faire occuper solidement le point d'où partait le gué de l'Onilahy. Il eut le tort ne ne pas battre en retraite, de ne pas tenter le passage de l'Isandra à l'imitation de ses porteurs, qui, tous, échappèrent aux coups. N'ayant que 420 cartouches à sa disposition, il ne sut pas imposer à ses hommes une discipline du tir.

L'infortuné a payé d'une mort affreuse les fautes qu'il avait commises, montrant jusqu'au bout de l'énergie et même de la bonne humeur; sa mémoire doit figurer parmi celles de tant d'officiers de l'armée coloniale, tombés avec honneur dans nos possessions lointaines.

Aussi bien serait-il injuste de lui laisser toute la responsabilité de ce triste événement. Une grande part en revient à son chef direct, le capitaine commandant à Midongy du Sud, qui, sans autres renseignements qu'une lettre privée transmettant le bruit de la mort de Vinay, lança Baguet et Janiaud sur Amparihy.

Le capitaine Quinque a voulu se libérer de cette responsabilité. En effet, la lettre partie de Midongy le 20 novembre, citée en tête de ce chapitre, *n'avait pas été enregistrée à Midongy.* Dans un rapport du 24 novembre, alors qu'il connaissait la mort de Baguet et la déroute de sa troupe, le capitaine Quinque (lettre adressée au chef de la province de Farafangana) dit de Janiaud : « *M. Janiaud, qui avait eu le grand tort d'aller à Amparihy, alors que je l'avais rappelé la veille à Midongy...* ». Mais dans la lettre du 20, le capitaine prescrivait à Baguet : « *Mobilisez-vous avec Janiaud...* » Le capitaine continue : « *Je prescrivais à M. Baguet de quitter Befotaka vers 1 heure et d'aller coucher à Imandabe.* »

Or, rien de cela n'est écrit dans la lettre du 20. Bien plus, le 21 au soir, il ordonnait (ordre parvenu à Befotaka après le départ de la colonne) : « *Tenez prêts à marcher sous vos ordres directs, un détachement de 20 tirailleurs, qui emporteront 4 jours de vivres et 120 cartouches... Vous laisse toute initiative sur l'opportunité d'une action rapide sur Amparihy, d'après les renseignements particuliers que vous pourriez obtenir* ».

Il est évident que le capitaine commandant le district de Midongy a lancé Baguet inconsidérément sur Amparihy, et que ses décisions, nous le verrons d'autre part, n'ont pas été prises toujours avec un sang-froid suffisant.

*   *
*

Tout échauffés par l'orgueil de leur victoire, les vainqueurs d'Amparihy, sortant de l'apathie dans laquelle ils étaient restés plongés après l'assassinat de Vinay, voulant courir à de nouveaux succès, se dirigèrent en troupe vers Vangaindrano, chef-lieu du district. Ils espéraient enlever la place et exécuter l'administrateur, chef du district, M. de Juzancourt.

Sur leur route, à une dizaine de kilomètres, ils s'arrêtèrent à Manambondrono.

Dans ce village, depuis trois mois, commerçait un Mauricien, naturalisé Français, du nom de Choppy.

D'après certains témoignages, celui de Rabehery en particulier, les gens de Vohimalaza qui avaient pris la plus grande part à l'assassinat·de Vinay et aux événements dont Amparihy avait été le théâtre, constituaient le gros de la bande arrivant à Manambondrono. Ils étaient conduits par Tsirondahy, un des meurtriers de Vinay, Laibany et Ramahetana de Vohimalaza. Les chefs Tsilefo, Farmania, suivaient plus qu'ils ne commandaient. L'insurrection n'avait pas de meneur véritable, à part Tsirondahy ; elle était en quelque sorte spontanée, manifestation d'un état d'esprit général :

beaucoup de chefs étaient entraînés par leurs bourjanes, peut-être à regret.

Choppy, prévenu le premier des intentions des gens de Vohimalaza et du danger couru par les *vazaha*, avertit la mission norvégienne dirigée par le pasteur Nicholaesen de l'arrivée prochaine des insurgés. Le pasteur, l'instituteur Ratovo, suivis par d'autres, s'enfuirent immédiatement dans la forêt. Les gens de Manambondrono, parmi lesquels Benignala, allèrent les chercher et les ramenèrent à la mission, leur promettant de les défendre. Tous s'enfermèrent dans la grande case de la mission qui fut gardée par les indigènes leurs défenseurs : Ramastiatoka montait la garde sur la vérandah ouest, Itodovolo sur celle du nord et Benignala au sud.

La bande des fahavalos, pendant ce temps, était arrivée devant la case de Choppy. Très courageusement celui-ci fit face aux assaillants. Armé d'un fusil de chasse, il tire et atteint au front un bourjane de Vohimalaza, Falinga. Son fusil inutile (il n'avait pas le temps de le recharger), Choppy prend une sagaie et engage le combat avec le principal de ses agresseurs, celui qui paraît leur chef : Ramahatana, et le blesse à l'épaule gauche. Ramahatana riposte et plante sa sagaie dans la poitrine de Choppy qui s'affaisse. Les insurgés se jettent sur lui et le criblent de coups de famaky (hâche), d'angadys (bêche), de piques en bois.

Pendant que quelques-uns coupaient les pieds et les mains du cadavre de Choppy, trophées joints à ceux fournis par les corps de Vinay et de Baguet, d'autres insurgés se dirigeaient vers la case de la mission dans le dessein de frapper le pasteur. Ils se heurtèrent aux gens de Manambondrono : ceux-ci représentèrent aux assaillants que Nicholaesen, s'il était *vazaha*, n'était pas Français, qu'il avait toujours été bon pour les indigènes, qu'il était le frère de sang de plusieurs d'entre eux ; les gens de Vohimalaza, avant de tuer le Pasteur, devaient d'abord frapper ses défenseurs.

Les fahavalos s'éloignèrent de la grande case de la mission. En passant devant la demeure d'un instituteur, Razairy, ils en aperçoivent la femme, la traînent dans la cour, la menacent de mort. Katobelaka de Vohimalaza la tient par les mains et lève son famaky sur elle. Le chef Laibany lui commande d'attendre et se dirige vers la grande case où s'est réfugié l'instituteur Razairy. Il demande à voir le pasteur, qui ne se montre pas, et prévient Razairy que sa femme sera tuée, s'il ne la rachète en donnant cent francs. Razairy ne possède pas cette somme ; le pasteur en fournit l'appoint ; la femme de Razairy est mise en liberté par les insurgés.

Le cadavre de Choppy est dépecé ; des morceaux en sont jetés en pâture aux chiens : la cervelle est extraite, pilée avec de la terre rouge, dans un mortier à riz ; les fragments du mélange sont distribués aux assistants comme de puissants *fanafodys* (gris-gris, porte-veine).

Une femme malgache, concubine de Choppy, ne fut pas inquiétée. Tsirondahy la mît en sûreté au village voisin de Antokomy.

Les cases de Choppy furent pillées par les fahavalos de Vohimalaza ! ils y prirent des pièces de toile, du sel, de l'eau-de-vie. Les cases furent incendiées le soir par les gens du chef Tsilefo, du village de Mahasfitrako.

CHAPITRE II

La révolte s'étend au nord et au sud de la province de Farafangana

Destruction du poste de Begogo par Befanhoa, chef d'Iakotika.

Assassinat de l'Instituteur Ratovo sur la Masianacka.

Entre temps, des événements non moins graves étaient survenus dans le nord du district de Midongy à 80 ou 100 kilomètres d'Amparihy et de Manambondrono, au poste de Begogo, commandé par le sergent Alfonsi.

Ce poste était en construction ; ses défenses n'étaient point organisées.

Le 25 novembre au matin, Befanhoa, chef de la région voisine de Iakotika, arriva au poste de Begogo, suivi de quelques petits chefs.

La veille, après une absence de quelques jours, Befanhoa s'était présenté à Alfonsi. Il avait, disait-il, été mandé à Midongy par le capitaine y commandant ; ce dernier l'avait menacé, si, par le concours de la population, la construction du poste n'était pas terminée dans les huit jours, de le faire emprisonner, lui et les chefs des villages de sa région. Befanhoa promettait au sergent de

venir dès le lendemain, suivi de nombreux bourjanes porteurs des matériaux nécessaires à la
construction.

Quand Alfonsi vit, le 25 novembre, arriver Befanhoa et ses hommes en nombre, il fut surpris
plutôt agréablement.

Dès que les indigènes eurent occupé le poste en
construction, auquel travaillaient, sans armes, le
sergent et les tirailleurs, Befanhoa frappa le sergent de sa sagaie ; le sergent tomba et fut achevé
à coups de hâches et de bâtons.

Les bourjanes entrèrent alors dans les cases des
tirailleurs et y prirent les armes : fusils modèle
86, fusils baras, haches et sagaies. Occupés à la
construction, hors de leurs cases, les tirailleurs se
trouvaient désarmés. Seul le caporal Ramasy put
saisir son fusil, avec lequel il tua deux des agresseurs et en blessa un. Il fut aussitôt massacré.
Avec le sergent Alfonsi, six tirailleurs originaires
du Betsileo trouvèrent la mort.

La garnison se composait de seize hommes : sept
recrutés dans le Betsileo, c'est-à-dire de race howa;
neuf de la région même, c'est-à-dire de race bara.
Les Baras furent tous épargnés par les assaillants.
Bafanhoa, la veille, leur avait fait savoir qu'ils
auraient la vie sauve ; ils étaient donc prévenus
de l'attaque. Des neuf tirailleurs baras épargnés
par les rebelles, six se représentèrent dans divers
postes du district après l'affaire, trois disparurent
sans laisser de trace, et se joignirent à la troupe
révoltée.

Les femmes des tirailleurs betsileos furent mas-
sacrées avec leurs maris ; celles des baras furent
épargnées.

A la tuerie échappèrent deux indigènes, l'un non

militaire, domestique (boto) d'Alfonsi ; l'autre, un tirailleur betsileo nommé Rainijoano, qui arriva à Ranotsara le 29 novembre dans l'après-midi. Il travaillait au jardin situé au pied du poste au moment de l'attaque. Remontant au poste pour participer à la défense, il se trouva en face des cadavres du sergent Alfonsi, du caporal Ramaso et des tirailleurs du Betsileo.

Un groupe de baras l'entoura, le frappa de violents coups de bâton, pendant qu'il s'enfuyait vers le petit village situé au bas du poste.

Là il tomba : les assaillants le crurent mort et l'abandonnèrent, pressés de prendre part au pillage.

Le tirailleur revint à lui, se traîna jusqu'à un bouquet de cactus, sous lequel il se tint caché tout le jour. La nuit il s'enfuit à travers la brousse, se dissimulant le jour, et après quatre fois vingt-quatre heures, il arriva à Ranotsara, exténué, crachant ses dents brisées par les coups de bâton.

Le *boto* d'Alfonsi, Imabaza, fut emmené prisonnier par les révoltés. Après deux jours passés avec eux dans la forêt, il réussit à leur échapper et le troisième jour arriva à Soarano.

Befanhoa était, — pour des raisons qui seront exposées dans les chapitres où nous examinerons les causes profondes de la révolte — décidé à saisir la première occasion d'insurrection. Cette occasion lui fut fournie par la nouvelle de la déroute de Baguet. Depuis longtemps, nous le verrons, l'esprit de révolte couvait sous la cendre ; le premier souffle de vent devait faire jaillir des gerbes de feu, déterminer l'incendie : l'assassinat de Vinay avait renforcé la flamme ; la défaite et la mort de Baguet, déchaînèrent, dans le nord de Midongy, comme dans le sud vers Fort-Dauphin, la tempête génératrice de la conflagration générale.

Dès que Befanhoa connut l'affaire d'Amparihy, il se jeta, brûlant ses vaisseaux, sur Alfonsi à Begogo, voulant par ce haut fait entraîner tous les indigènes dans la révolte contre le *vazaha* oppresseur. Son coup fait, il se répandit dans la région, comme la bande de Kotavy le faisait au sud, disant aux indigènes : « Vous serez tous tués, que vous soyez fahavalos ou non. Les blancs vont tout massacrer, fahavalos ou non. Souvenez-vous en. Il vaut mieux être avec nous. Venez. »

L'entrée en campagne de Befanhoa fut déterminée par les événements d'Amparihy, et l'autorité française voulut en voir la cause dans une entente de Befanhoa avec Kotavy.

Or jamais il n'y eut entre ces deux hommes aucun rapport direct ; ils ne se virent, ne s'entretinrent jamais. Les causes latentes, qui avaient lancé Kotavy et les siens dans la révolte ouverte, furent mises en action par le meurtre de Vinay et surtout par l'écrasement de Baguet, mais elles opéraient sourdement depuis longtemps sur les populations de la région de Midongy ; les affaires d'Amparihy firent exploser l'insurrection de Befanhoa, mais il n'y eut aucun accord entre Kotavy et Befanhoa.

III

Laissons un instant le théâtre de Begogo et revenons à la troupe de Kotavy, après l'assassinat de Choppy à Manambondrono.

Les insurgés avaient, en quittant Amparihy, le

dessein d'atteindre Vangaindrano et d'y massacrer le chef du district.

Vraisemblablement ils apprirent à Manambondrono qu'une garnison importante occupait Vangaindrano et abandonnèrent un projet jugé dangereux. Quelques-uns se dirigèrent . vers le sud, pénétrèrent dans le cercle du Fort-Dauphin; tandis que d'autres se portaient vers la rivière Masianacka au nord-est.

Des gens de Vohimalaza et de Nossi-Vé, agglomérations au nord de Manambondrono, étaient arrivés de Vangaindrano, où ils avaient appris l'augmentation prochaine de l'impôt de capitation, porté de 10 à 15 francs. L'instituteur Ratovo, un howa, s'était efforcé de les calmer, les exhortant à ne pas se soulever, à ne pas devenir des fahavalos. Le gros de la bande qui avait assassiné Choppy, formée des gens de Vohimalaza et de Manambondrono, arriva à Nossi-Vé, conduit par Tsirondahy. Tsirondahy réunit les habitants de Nossi-Vé, leur dit que Vinay, Baguet, Choppy, Janiaud ont été tués, leur montre les trophées, leur affirme que tous les *vazahas* de Madagascar sont morts, qu'ils doivent s'insurger à leur tour.

Les habitants de Nossi-Vé se laissèrent convaincre.

L'instituteur Ratovo se sentit alors dans une atmosphère d'hostilité. Ses conseils de modération l'avaient rendu suspect. D'une race howa qui avait souvent opprimé les habitants du sud, il représentait à leurs yeux l'ennemi héréditaire : Ratovo décida de s'enfuir avec sa femme et son enfant. Il prit une pirogue et se dirigea aussi rapidement qu'il put vers Foromia. Le gouverneur indigène du district, Karama, craignant sans doute pour lui-même, fonctionnaire au service des Français, s'était rangé du côté des insurgés, après le *kabary* de Tsirondahy. Il avait nommé un notoire partisan de l'insurrection, du nom d'Ingalera, chef de Nossi-Vé.

Karama suivait dans une pirogue celle de Ratovo, espérant s'éloigner des fahavolos, auxquels il avait cédé par crainte, résolu sans doute à prendre aux yeux de l'autorité française la même attitude que l'instituteur.

Les révoltés de Nossi-Vé se lancèrent à la poursuite de Ratovo : ils s'approchaient ; le malheureux instituteur demanda à Karama de le prendre avec lui dans sa pirogue. Karama le repoussa et s'éloigna.

Des bourjanes de Nossi-Vé, Zanahiby et Bifioly, rejoignirent l'émbarcation de Ratovo. Après avoir tué l'instituteur à coup de famakys et de pagaies, ils le jetèrent à l'eau ; sa femme Ravoniarihasy fut noyée et son enfant enfoncé dans la vase.

Le nouveau chef Ingalera avait aussi pris sa part de ce meurtre. A Nossi-Vé même, il fit élever des retranchements et mettre l'île en état de défense.

Il n'y avait eu aucun complot ; il n'y eut aucune action commune entre gens ne se connaissant pas. La similitude des situations et des griefs détermina à Nossi-Vé comme à Begogo, comme à Amparihy, des réactions identiques de la part des indigènes.

CHAPITRE III

L'Insurrection
dans le cercle de Fort-Dauphin

Les rebelles arrivent devant Manantenina.

L'adjoint des affaires civiles, Hartmann, est tué au cours d'un combat.

Le lieutenant Barbassat assiégé dans Manantenina.

Soulèvement de la population de Ranomafana. Sac du poste de Ranomafana.

Retraite courageuse de Mlle B..., vers Fort-Dauphin.

Le 30 novembre, une partie de la bande de Vohimalaza se présenta devant le poste de Manantenina. Le poste de Manantenina dépendait de celui de Ranomafana, situé à 40 kilomètres au sud; lequel était commandé par un fonctionnaire civil, du grade d'adjoint, M. Hartmann.

Ayant appris par la rumeur publique les événements survenus dans la province de Farafangana et prévoyant l'arrivée des rebelles, M. Hartmann s'était porté courageusement à Manantenina pour en organiser la défense. Il savait ne pas pouvoir compter sur la faible garnison de ce petit poste : huit tirailleurs sous les ordres du sergent Malespina, dont il avait vainement sollicité le remplacement par l'autorité militaire.

Malespina était brutal avec les indigènes qui le

détestaient ; il n'obéissait pas aux ordres de M. Hartmann, comptant que ses supérieurs militaires ne tiendraient pas compte des plaintes d'un *civil*.

Le 22 novembre, Hartmann partit de Ranomafana, emportant des cartouches; il arriva à Manantenina et n'y trouva que trois tirailleurs. Le sergent Malespina, avec cinq de ses soldats, avait abandonné son poste, fui vers Fort-Dauphin, dès qu'il avait connu les événements survenus à Amparihy.

Hartmann, pendant quatre jours — du 22 au 26 novembre —, n'ayant avec lui que trois tirailleurs, sentant la population indigène en pleine effervescence, se dépensa en conversations avec les chefs, en travaux de mise en défense, maintenant autour de lui, par son ascendant, sa connaissance du milieu, une tranquillité de fait. Le 26 novembre arriva un détachement de 29 tirailleurs, sous les ordres du lieutenant Barbassat, envoyé de Behara, distant de plus de 100 kilomètres. L'officier ne connaissait pas la région et Hartmann resta auprès de lui pour le renseigner. Le 30, apprenant l'approche des rebelles venus d'Amparihy, dont la troupe s'était grossie de milliers d'indigènes entraînés au passage, Barbassat et Hartmann se portèrent à leur rencontre. Le choc se produisit dans le voisinage immédiat de Manantenina. Le combat dura pendant trois heures et demie. Dès le début de l'engagement Hartmann fut tué par une balle reçue en pleine poitrine.

Par une aventure singulière, Hartmann fut l'unique victime ; il n'y eut aucun tué, aucun blessé dans l'un et l'autre camp. Cette exceptionnelle bénignité d'un combat de trois heures et

demie doit s'expliquer par une entente des deux
troupes adversaires. Il aurait été convenu (et la
convention fut respectée) que les insurgés ne
tireraient que sur les blancs (Hartmann et Barbassat), que les tirailleurs enverraient leurs coups
trop haut.

Après trois heures et demie de fusillade, la
troupe Barbassat, emportant le cadavre de Hartmann, battit en retraite, se renferma dans Manantenina où elle fut assiégiée jusqu'au jour où une
colonne de secours la débloqua.

Le surlendemain 2 décembre, la révolte éclatait
à Ranomafana. Le poste absolument indéfendable,
n'ayant ni parapet, ni palissade, était occupé par
six tirailleurs. Hartmann était absent depuis huit
jours, il avait laissé au poste une compagne, avec
laquelle il s'était fiancé, Mlle B... Cette jeune fille
représentait à elle seule l'autorité et l'élément
européen. Elle ne pouvait compter sur les six
soldats indigènes, nés dans le pays et très décidés
à ne jamais tirer sur leurs compatriotes.

Mlle B... était dans sa chambre, quand le 2 décembre à 13 h. 30, elle aperçut l'interprète du
poste, un howa, qui traversait la place devant le
poste et fuyait en criant: « Aux armes ! » Mlle B...,
connaissait la mort de M. Hartmann et pensant
voir arriver ses assassins, saisit une carabine et
sortit du poste. Elle se trouva au milieu d'une
foule composée par les indigènes des villages du
groupe de Ranomafana. Ces hommes, gesticulant,
lui criaient : « Le résident est mort, nous ne voulons plus de l'autorité des Français, va-t-en, sauve-
toi, laisse-nous prendre les fusils du poste ; si tu
refuses, si tu restes ici, nous allons te tuer ».

Voyant que Mlle B... persistait dans sa résolution de demeurer, l'un des indigènes, plus violent que les autres, la menaça de sa hache, mais hésitant devant la résolution de cette femme, il n'abattit pas son arme, et la somma plus énergiquement de partir.

La résistance était impossible : les six tirailleurs du poste, enfants ou frères des indigènes de la région, n'étaient pas sûrs ; ils auraient refusé de tirer sur leurs parents, et, l'eussent-ils voulu, n'auraient pu lutter efficacement. Le poste ne possédait que quelques cartouches ; Hartmann, prévoyant l'attaque de Manantenina, y avait emporté l'approvisionnement de Ranomafana. Le Commandant Leblanc, de Fort-Dauphin, prévenu depuis six jours de la nécessité de ravitailler Ranomafana en cartouches, n'avait rien envoyé. Même avec des munitions, qu'auraient pu huit fusils dans un poste dépourvu de parapet, de palissade, ne présentant aucune valeur militaire et que l'incurie du commandement, cent fois avisé, avait laissé dans cette situation dangereuse ?

Le nombre des indigènes entourant, puis envahissant le poste, croissait de minute en minute. Il s'augmentait de recrues nouvelles provenant de villages éloignés. Cette tourbe menait un tapage assourdissant, frappant sur les tam-tam, soufflant dans les konkas (coquilles), brandissant des sagaies et des haches, tirant des coups de feu, poussant des cris de mort, quelques-uns se livrant à des danses échevelées.

Mlle B... se décide à quitter Ranomafana, véritablement intenable, et abandonnant tout ce qu'elle possédait : vêtements, objets divers, bijoux, etc... elle ne garde qu'une préoccupation : emporter la caisse du poste. En la quittant, Hartmann lui avait dit : « Si jamais il arrive quelque chose, sauve la caisse avant nos affaires personnelles ». Mlle B... rentre dans l'appartement du poste, y prend la somme qui s'y trouvait, 7.000 francs environ, et la place dans une caisse de cartouches. Elle abandonne, ne pouvant transporter un poids si élevé, 600 francs de billon en sacs de 50 francs chacun. Deux prisonniers sont chargés de la caisse; Mlle B... emporte elle-même quelque argent personnel dans un coffret de fer.

Mlle B... se met en route en compagnie du R. P. Coindard, de la mission de Ranomafana, fuyant aussi devant l'émeute, et sept tirailleurs, rien moins que sûrs, je le répète, puisque recrutés dans le pays actuellement tout entier insurgé.

La troupe traversa d'abord la rivière Mananpany. Sur l'autre rive une bande, occupant les hauteurs, faisait mine de barrer le passage ; la menace des baïonnettes rendit la route libre.

A un kilomètre plus loin, survint tout à coup une troupe menant grand tapage, armée de haches, de sagaies, accusant les Européens en retraite d'avoir rendu les fusils du poste inutilisables. Les fahavalos n'avaient en effet trouvé que quelques vieilles carabines, en mauvais état, les tirailleurs ayant emporté leurs fusils.

Pendant que Mlle B... parlementait avec Mahavelo, chef du village de Masianaka, du voisinage de Ranomafana, et tournait le dos à la caisse, les deux porteurs, — des prisonniers — se jetèrent sur l'argent. Au pillage prit part toute la bande, même les soldats d'escorte. Mlle B... parvint à recouvrer dans le tumulte un sac de 1.000 francs en pièces de 5 francs et la petite caisse de métal que quelques indigènes essayaient de briser à coups de hache. Mahavelo emportait un sac de 1.000 frs et autant un porteur de dépêches (Tsimandoo), venu d'Esira.

Harassée, ayant perdu ses pantoufles dans la marche rapide, les vêtements mouillés au passage du fleuve, Mlle B... eut un moment de faiblesse et de découragement ; elle s'assit au bord de la route et éclata en sanglots.

Elle se reprend bientôt, se remet en marche, et passe le col de Sakavalana. Là, les tirailleurs lui rendent l'argent qu'ils avaient pris dans la caisse, argent trop lourd à porter. On en remplit un petit sac en cuir dont se charge Mlle B...

La pluie tombait à flots, les rivières étaient débordées, les ponts emportés, comme à chaque saison des pluies, en un temps où les voies de communication étaient aussi précaires qu'improvisées.

On arrive à Sangaria, à la nuit; on en repart à 2 heures du matin ; on arrive enfin à Bellavena. Un indigène acourt, annonce que les révoltés sont proches, décidés à prendre l'argent resté aux mains de Mlle B... Un émissaire part pour demander du secours à Fort-Dauphin. Mais toute la région se soulevait, refusant à la troupe en retraite tout secours, toute nourriture.

Enfin, après avoir quitté Bellavena depuis longtemps, les échappés de Ranomafana voient arriver une vingtaine d'hommes. Ce sont des gens de Fort-Dauphin, sous la conduite du capitaine Gramont et de l'administrateur Pouperon. Le calvaire de Mlle B... était gravi ; elle remit au commandant du cercle les 6.000 francs environ qu'elle avait sauvés, et demeura à Fort-Dauphin, dont nous examinerons plus tard la situation.

On peut s'étonner que deux Européens, dont une femme, aient pu traverser, sans y laisser leur vie, une région en pleine révolte, alors que les meurtres de Vinay, Baguet, Choppy, démontraient la férocité des indigènes.

Cette fortune de Mlle B... et du R. P. Coindard peut s'expliquer en partie : d'abord par cette considération qu'aucun des deux n'avait eu directement part aux agissements administratifs, griefs des insurgés, par cette autre raison que Mlle B... et le R. P. Coindard avaient rendu des services personnels à de nombreux naturels du pays. Sans écarter ces motifs de leur modération relative, je pense que les assaillants de Ranomafana étaient relativement peu dangereux, parce qu'ils n'avaient pas eu de contact direct avec la bande de Kotavy et les autres héros des drames d'Amparihy.

Les bourjanes du ressort de Ranomafana s'étaient soulevés, non pas sous l'influence des gens du nord, mais simplement en apprenant leurs hauts faits, avant qu'ils ne fussent arrivés devant Ranomafana même. Dès que les gens du nord furent sur place, quelques heures après le départ de Mlle B..., ils incendièrent le poste après l'avoir pillé de fond en comble.

CHAPITRE IV

L'Insurrection
dans le cercle de Fort-Dauphin

(*Suite*)

Assassinat du Sergent Pietri à Esira.
Destruction du poste d'Esira.
L'anarchie qui suivit.

Les événements de Ranomafana eurent pour conséquence directe la destruction du poste d'Esira et l'assassinat du sergent Pietri, son commandant.

Le meneur principal de la rébellion de Ranomafana était Mahavelo, chef du groupe Masianaka.

Dès le départ de M. Hartmann pour Manantenina, Mahavelo avait envoyé deux émissaires aux renseignements, pour savoir quels événements avaient déterminé l'absence du chef de poste. A leur retour de Manantenina, Etreba, *ombiasy* (sorcier) célèbre dans la région, jouissant d'une grande influence,. se joignit à eux. Etreba avait été emmené comme porteur par M. Hartmann, désireux sans doute, le connaissant, tant de l'avoir sous la main que de supprimer ainsi, pendant la durée de son absence, l'action de l'ombiasy à Ranomafana et dans les environs.

Hartmann mort, Etreba avait couru le Manan-

tenina, vers Mahavelo. Il lui annonça l'attaque de
Manentenina, la mort d'Hartmann et l'avance des
rebelles.

Ce récit détermina Mahavelo à une action révolutionnaire, à laquelle, comme tous les indigènes
du sud, il était dès longtemps préparé, tous sup-
portant l'administration française avec impa-
tience. Ainsi chaque mort d'un *vazaha*, victime des
fahavalos, donnait un ressort nouveau au mouvement insurrectionnel.

*
* *

Mahavelo répandit le bruit de la révolte générale; tous les *vazahas* de Madagascar avaient été
assassinés. Il avait appelé à lui le chef d'Elohonty:
Rairivy; celui d'Elagnasy : Rehove. Avec leurs
hommes joints à ceux du groupe de Fenoambany,
il avait attaqué, brûlé, pillé le poste de Ranomafana. Ce fut lui, Mahavelo, qui, la place enlevée,
fit donner des porteurs à Mlle B... et au R. P.
Coindard, puis ensuite poursuivit les fugitifs et
leur enleva une partie de l'argent emporté par
eux, au gué d'Andramanaka.

Le lendemain arrivaient à Ranomafana, sur
l'appel de Mahavelo, des retardataires insurgés de
la région du Mandrere. Le poste déjà incendié et
pillé, ils se rabattirent sur les cases des commerçants, qu'ils brûlèrent après avoir volé les marchandises.

Mahavelo et Rairivy envoyèrent alors Imosa
d'Imandabé à Fiela, afin qu'il apprît aux chefs
Resohiry et Imahavoly ce qui s'était passé à
Ranomafana.

Le chef intérimaire de Manhev ъ, Resohiry, (*faritany* de Fiela) avait depuis longtemps manifesté les

plus mauvaises intentions à l'égard du sergent Pietri, commandant le poste d'Esira, dont dépendait son village. Le 2 décembe, un *kabary* important s'était tenu au village de Fiela. Comme dans de nombreux *kabarys* antérieurs, les orateurs avaient exposé leurs griefs, préconisé l'insurrection, l'attaque du poste. Resohiry, le principal meneur, avait été violent, mais hésitait encore. C'est alors que survint Imosa, l'envoyé de Mahavelo, porteur de nouvelles sur les attaques heureuses de Manantenina et de Ranomafana, sur la mort de Hartmann et d'autres blancs. Après avoir constaté la présence de tous les gens de Fiela, Imosa leur dit : « Le *vazaha* de Ranomafana est tué, le poste a été pillé et brûlé ; la femme du *vazaha*, les tirailleurs, le Père de la mission se sont sauvés à Fort-Dauphin. Tous les autres *vazahas* du nord, jusqu'à Diego, ont été tués aussi. Je suis envoyé par Mahavelo et Rerivo, pour vous porter ces paroles : « Il faut tuer le *vazaha* d'Esira et brûler le poste. Il faut qu'il ne reste plus de *vazahas* à Madagascar ; s'il y en a qui ne veulent pas tuer les *vazahas*, Ramahatonga, les Mandreré, les Sadabe, vont venir les tuer tous, hommes, femmes et enfants, et prendre leurs bœufs. »

Ces nouvelles, ces menaces décidèrent à l'action immédiate Resohiry et les assistants ; ils établirent un plan qui fut exécuté le lendemain, 3 décembre 1904.

III

Le poste d'Esira était occupé par neuf tirailleurs sous les ordres du sergent Pietri. Le sous-officier, depuis assez longtemps dans le pays, malgré la connaissance des événements d'Amparihy, n'était point inquiet. Deux lettres de lui, écrites à la veille de son assassinat, montrent avec quelle optimiste tranquillité il envisageait sa situation.

Le 28 novembre 1904, il écrivait à son camarade, le sergent Gombeillon, appartenant à la compagnie de Behara : « *...J'étais bien décidé à venir à Behara, ce mois-ci, mais à cause de ces incidents qui se sont produits à Amparihy, ce sera donc pour une autre fois.*

Un tas de racontars disaient que les régions de Vangaindrano, Manonbondro et Amparihy, s'étaient soulevé, mais de tout cela, paraît-il, il n'y a rien de vrai. Malheureusement le sergent Vinay et Choppy ont été tués, je ne sais pourquoi.

Malespina a foutu le camp à Fort-Dauphin, je ne connais pas le motif. A part cela, tout marche bien à Esira, tout le monde est tranquille. J'ai fait le bétise de demander un supplément d'effectif, j'aurais dû attendre, mais tout cela bien entendu, je ne savais pas si ces gens suivaient une direction quelconque pour continuer les mêmes opérations.

Si les tirailleurs ne sont pas partis de Behara, inutile de les envoyer. Le chef du district en demandera s'il le juge nécessaire; pour moi, ça va bien comme ça... »

Cette lettre, dont l'orthographe et la syntaxe ont été respectés, est intéressante, parce qu'elle montre combien l'autorité centrale du cercle du Fort-Dauphin avait manqué de vigilance, en ne prévenant pas tous les postes des dangers qu'ils couraient, et aussi parce nous voyons combien les *vazahas* étaient mal renseignés. Ce que Pietri, chef de poste, ignorait, tous les indigènes, y compris Tsikamo, chef du village d'Esira, cependant bien disposé à l'égard des Français, le connaissaient. Ils savaient ce qui s'était passé à Manantenina, à Ranomafana et ailleurs.

Le 3 décembre à 9 heures du matin, *six heures avant son assassinat*, Pietri, cependant moins rassuré, écrivait au même correspondant :

« *...Je savais parfaitement bien que toutes les régions de Vangaindrano, Manambondro, Amparihy, s'est complètement décalés (?) mais ce... Pékin (1) m'engueule qu'il n'y a rien dans le district, et que tout cela était du dernier grotesque, etc...*

Enfin bref, je n'est pas reçu encore de renseignements nouveaux, mais tout cela va chauffer dans quelque temps, je doute fort qu'ils paient les impôts cette année, tous tant qu'ils sont sentent la révolte, d'ailleurs j'ai reçu un renseignement il y a quelques jours et que toute la région des Baras semble se mettre en révolte...

Et je tiens à l'œil Betouta et Beryf; rien encore ne semble vouloir se révolter, mais que les régions Befotaka et Ronotsara il y aura la moindre des choses, Bereff et Betouta c'est sûr qu'ils se mettront en révolte. »

Pietri prévoyait la possibilité de mouvements, mais ailleurs que dans les environs d'Esira ou à Esira même, et pour un avenir assez éloigné. Cependant, il avait décidé de renforcer son poste, d'en fortifier quelques points, de couvrir les cases d'une couche de terre, afin d'en prévenir l'incendie. Dans cette intention, il avait prescrit à chaque groupe d'indigènes placé sous son commandement,

---

(1) *Il a été impossible de savoir quel est ce Pékin... Peut-être Hartmann ayant écrit avant son départ pour Manantenina ?*

d'apporter cent pièces de bois, solives ou planches. Le groupe d'Esira avait livré sa fourniture complète; les autres, la leur en grande partie. Seul le groupe de Fiela était en retard, n'ayant livré que cinq ou six pièces de bois.

Le 3 décembre à 3 heures du soir, Pietri s'entretenait de ces fournitures, dans la cour, avec Tsikamo, chef du groupe d'Esira. A ce moment parut à la porte du poste une dizaine d'indigènes du groupe de Fiela. C'étaient les conjurés du *kabary* de la veille : Resohiry, Revario, Mahafaka, Imahavaly, Itsifiaza, Betalaka, Revelo, Refify (frère aîné de Resohiry), Idisa, Mohaly.

Relify et Mahafaka portaient ostensiblement chacun une hache ; tous les autres étaient sans armes.

Le sergent Pietri sort de la case et va au-devant du groupe de ces gens de Fiela, leur demandant pourquoi ils n'apportent pas le bois qu'ils devaient fournir. Ils répondent que des bourjanes chargés les suivent, mais qu'ils ont une affaire à soumettre au sergent : un vol de bœufs dont se plaint Revario. Le sergent leur dit d'entrer dans la cour, puis après les avoir écoutés, les invite à pénétrer dans le bureau, où la discussion serait plus facile. Le sergent se retourne pour les précéder. A ce moment, les conjurés se jettent sur lui par derrière; Revario l'étreint par le cou, Mahavaly par la ceinture, Resohiry et Itsifiaza par les jambes. Puis Mahavaly lui saisit les bras, les ramène en arrière du dos: en même temps Refify et Mahafataka le frappent de leurs haches, sur la partie postérieure du crâne. Le sergent tombe, les assassins continuent à le frapper : Pietri était mort sans pousser un cri.

La scène du meurtre avait duré quelques secondes. L'interprète Tsirombony et le chef Tsikamo, qui précédaient la troupe en marche vers le bureau, se retournèrent en entendant le bruit des coups. Voyant le sergent à terre, ils s'enfuirent effrayés.

La femme du sergent, Ivonirana, travaillait dans une case voisine du bureau. Elle entendit Revario se plaindre d'un vol, puis le sergent qui l'invitait à entrer dans le bureau, puis un tumulte, et les cris habituels aux fahavalos. Revario clamait : « Mavandy ny vazaha ! Ia izabay hiany ny tampony ny tany ». « Le vazaha en a menti, c'est nous les maîtres de la terre ».

Quelle fut dans ce drame l'attitude des tirailleurs ?

Au moment du meurtre, le caporal Mahazomila était de faction à la porte du poste. En voyant tomber le sergent il cria : « Aux armes, on tue notre sergent, venez vite. » Il courut se placer devant la porte du poste de police, dans lequel étaient déposés les fusils.

Des huit tirailleurs subordonnés au caporal, six travaillaient au jardin, situé en dehors du poste, un septième était dans la brousse, où il récoltait de l'herbe destinée aux lapins. C'était Ivolanony, beau-frère de Resohiry, principal assaillant de Pietri. Un autre, Imaka, gardait les moutons. Le caporal, le fusil chargé, mit en joue les assassins. Ceux-ci restèrent en place ; l'un d'eux s'adressant au caporal : « Nous ne voulons pas vous tuer, vous, les miramila (soldats), et tu veux tirer sur nous ! Nous sommes tous Malgaches, nous n'en voulons qu'aux vazahas. Si tu tires, tu pourras tuer deux ou trois des nôtres, mais après vous serez tous tués ». L'interprète Tsirombony, dont le rôle fut assez louche, s'interposa : « Ne tire pas, nous serions tous tués ».

Le caporal abaissa son arme, mais demeura la baïonnette croisée, devant la porte du poste, gardant les fusils. Les six tirailleurs accouraient, venant du jardin. Ils s'armèrent, se placèrent à côté du caporal, l'interprète derrière la ligne des fusils.

A ce moment la deuxième troupe des conjurés, conduite par Imosa, parvient sous le mur du poste. Afin de ne pas attirer l'attention, cette bande était venue de Fiela par une voie détournée, et cachée dans la brousse, non loin du poste, elle avait attendu que le premier groupe, chargé d'assassiner Pietri, eût accompli sa mission. Les gens conduits par Imosa envahissent, en grand nombre, les abords du poste, armés de haches, de sagaies, poussant les cris des fahavalos.

Pour les effrayer, les tirailleurs tirent en l'air, leur crient que s'ils approchent ils feront feu sur eux... Les agresseurs, apeurés en effet, se baissent derrière le mur, sans oser le franchir.

Ce beau zèle de miramilas recrutés dans le pays, parents des assassins de Pietri, ne pouvait durer en l'absence de tout Européen. Sans faire ouvertement cause commune avec les révoltés, les miramilas ne résistèrent pas à la tentation de tirer un parti avantageux des événements.

Pendant que quelques-uns continuaient à tenir les bourjanes à distance, le caporal, l'interprète et deux miramilas entraient dans le poste, en refermaient la porte afin d'échaper aux regards. Après quelques instants, ils sortaient par la fenêtre et tous, y compris les factionnaires, se rendaient, toujours armés, dans le parc à bœufs. Là ils se partageaient le contenu de la caisse du poste, qu'ils avaient ouverte : chacun recevait trente piastres (150 francs). Ivolanomy, celui qui cueillait de l'herbe pour les lapins, arriva en retard, prit son fusil, mais ne reçut que vingt piastres.

Imaka, l'homme chargé de garder les moutons, rentra plus tard encore, prit son fusil, sans avoir rencontré ses camarades, ni reçu sa part de butin.

Une heure après, les tirailleurs quittèrent le parc à bœufs, chacun emportant ses piastres. A ce moment, les indigènes insurgés envahirent le poste. Le tirailleur Ivofanony se joignit à ses parents incendiaires. Le poste fut détruit entièrement par le feu. Quelques-uns se préparaient déjà à dévaliser les cases des marchands, Resohury les retint, leur disant : « Ne touchez pas aux objets déposés chez les marchands, ils appartiennent à Marchal et aux Anglais, dont nous n'avons pas à nous plaindre ; nous n'en voulons qu'aux Français ».

En même temps, à la lueur des flammes dévorant le poste — le nuit profonde était venue — les fahavalos résolurent de brûler les restes du sergent Pietri. Ce soir-là l'opération ne réussit qu'à demi ; elle fut complétée le lendemain matin, le dimanche 4 décembre. Un bûcher se dressa sur lequel furent jetés les débris du corps de Pietri. Auparavant Itsinaosa, un indigène commerçant d'Esira, avait coupé la main droite du cadavre. Ce débris macabre fut promené de village en village, comme preuve de la mort de Pietri. Fanombila de Soanerino le porta jusqu'à Imitray ; d'Imitray il fut, par Vaninala, transmis à Marososa : on le trouve ensuite dans quatorze ou quinze villages successifs, confié à différents indigènes. Puis, comme la main et les pieds de Vinay, de Choppy, il disparaît, recueilli très probablement par quelque ombiasi, pour être employé à la préparation magique de ses fanafodys.

Ivonirana, la femme du sergent Pietri, témoin de son assassinat, prise de terreur, ne songea d'abord qu'à fuir. Elle se réfugia dans la case de Tsikamo, chef du village d'Esira, y rencontra la femme de ce dernier, préparant des paquets. Bientôt ses frères de sang et Ibefitoatra vinrent la chercher.

Dans l'esprit d'Ivonirana, dès que sa sécurité fut assurée, se réveilla l'instinct de lucre, toujours très vif chez les malgaches et chez les femmes peut-être plus que chez les hommes. Elle pria son frère Ibefitoatra d'aller prendre sa malle et celle du sergent : la malle du sergent fut apportée dans la case de Tsikano où Ivonirana s'était réfugiée. Et tous trois, la femme et ses deux frères, se rendirent au village d'Imieba.

Le lendemain matin, au lever du jour, les fahavalos de Fiela arrivèrent à Imebia, réclamant la malle du sergent. L'ayant trouvée, ils la brisèrent et en prirent le contenu, pauvre trousseau de Pietri : un pantalon de flanelle, une vareuse, deux épaulettes, un ceinturon et un revolver.

Ivonirana fut ramenée à Esira; elle y fut sommée de montrer la cachette que les révoltés soupçonnaient contenir l'argent du poste. Dans les ruines des cases incendiées, la femme déclara ne pouvoir retrouver la place de la caisse dans la chambre du sergent. En réalité, les tirailleurs, nous l'avons vu, avaient pris soin de ne pas laisser l'argent exposé à la convoitise des insurgés.

La femme de Pietri retourna à Imieba : le lendemain lundi, elle continuait sa route, passait à Ranomafana détruit de fond en comble, complètement inhabité. Elle se rendit chez ses parents à Sentravolana et de là à Fort-Dauphin, où elle fut retrouvée plus tard, et au cours d'une enquête sur les événements d'Esira, elle y fit le récit de ses tribulations.

Tsikamo, chef du village d'Esira, était, nous l'avons vu, aux côtés du sergent au moment de l'assassinat. Effrayé, dit-il, il s'empressa de fuir, craignant pour lui-même. Avec sa femme il se cacha dans la montagne pour échapper aux fahavolos qui le cherchèrent, voulant le mettre à mort. Puis rassuré par un de leurs chefs, Remanaly, il s'établit dans son village, jusqu'au jour où les troupes françaises ayant réoccupé Esira, il vint se présenter à l'officier les commandant.

L'attitude de Tsikamo fut louche. Sans avoir pris part ouvertement au sac d'Esira et à l'assassinat de Pietri, il en fut probablement complice, en ce sens que, ne pouvant ignorer les projets des conjurés, il n'en dit rien. Après le crime, tandis que la masse des bourjanes, ignorante, le considérant comme un ami des vazahas, voulait le tuer, il fut défendu par Remolahy, chef du Monambola, dont le rôle fut actif à certains moments. Cette mansuétude de Remolahy n'est explicable que par l'hypothèse d'une complicité de Tsikamo.

Encore moins satisfaisante fut la conduite de l'interprète Tsirombony. Bien plus que le chef de village, l'interprète, par définition au courant de tout événement, ne put pas ne pas connaître les desseins des conjurés. Après le meurtre de

Pietri, l'interprète se rangea du côté des assassins, priant le caporal tirailleur de ne pas faire feu, puis avec les miramilas il entra dans le poste et semble avoir eu sa part de la caisse pillée. Il put ensuite se retirer avec sa femme, sa sœur et son enfant, sans être inquiété, et se rendre au village de Besakoa, où il arriva à 21 heures, très tranquille ; il était détenteur de 60 piastres (300 frs).

' Comme au lendemain de toute émeute victorieuse, l'anarchie la plus complète se déchaîna à Esira. Le dimanche matin, lendemain de l'attaque, pendant que, sur le bûcher, se consumait le cadavre de Pietri, de nouvelles bandes arrivaient. Le poste était brûlé, mais à proximité se dressaient les cases renfermant des marchandises appartenant à des trafiquants indigènes.

Ces cases furent pillées ; rien n'y demeura intact. Au pillage, prirent part tous les présents, et plusieurs marchands. Les voleurs s'emparèrent de pièces de toile, de lambas, de marmites, de boîtes de sardines, etc., puis incendièrent les cases. Pendant quelques jours, dans tous les villages, passèrent des gens chargés des objets volés à Esira, enlevant au surplus dans ces villages ce que les marchands y avaient fait transporter du poste détruit, dans l'espoir de le soustraire au pillage.

Puis, dès le 4 décembre, la population débarrassée de l'autorité qui y mettait obstacle, revint à son occupation favorite : le vol des bœufs. Les révoltés prirent les troupeaux de Tsikamo lui-même, de Tsirombony l'interprète, des tirailleurs, de tous ceux considérés comme amis des Français.

De véritables expéditions s'organisèrent. Trois cents hommes allèrent enlever 1.000 bœufs à Tsivory, autant à Betroky.

Le sac d'Esira, en raison, sans doute, de la vigueur plus grande de la population, de l'énergie et de l'autorité plus forte des chefs, fut l'événement le plus bruyant, le plus capable d'influencer les hésitants. Malgré la destruction des habitations, Esira demeura un centre d'agitation et d'attraction ; c'est de là, bien plus que de l'entourage de Kotavy ou de Befanhoa, que s'étendit la révolte.

L'autorité des vazahas, à Esira, avait été supprimée insurrectionnellement; une autorité nouvelle, que le retour des Français rendit éphémère, celle de chefs indigènes, se reconstitua. Après la révolution violente, brutale, après l'anarchie, une dictature s'établit : éternel cycle de la même humanité.

Un grand kabary fut réuni près de l'emplacement du poste, cinq jours après son occupation et sa destruction par les fahavalos, auquel assistèrent tous les bourjanes des groupes, relevant du commandement d'Esira.

Les organisateurs de la réunion étaient : Lahyvelo, sorcier de Manevo; Mahavelo, le chef de Manevo qui avait déterminé et conduit la révolte à Ranomafana et Esira ; Revario, Resohiry, assassins de Pietri; Betafo. Lahyvelo, l'ombiasy, déclara que lui et ceux dont j'ai donné les noms étaient les grands chefs du pays; il partagea avec Resohiry les fusils pris aux tirailleurs. Chaque groupe obtint deux fusils Lebel.

Outre ses deux fusils 84, le groupe d'Esira eut le fusil de chasse de Pietri. Les cinq villages du groupe étaient : Esira, Betota, Ehara, Fialia, Bereva. Remaly d'Ehara, le défenseur de Tsikambo, eut un fusil, mais pas de cartouches. Il se plaignit, alléguant qu'un fusil sans munitions n'était pas une arme. On lui répondit que les cartouches étaient à ceux qui les avaient prises, qu'il n'avait qu'à en acheter. Les cartouches avaient été pillées et faisaient l'objet d'un commerce actif. Un certain Reviona en possédait une importante quantité ; il les vendait 5 centimes l'une.

Ce partage effectué, le kabary prit figure d'une cérémonie mystique. Un fort taureau, volé à Tsikamo, fut amené et attaché au milieu de l'assistance, puis renversé.

L'ombiasy Lahyvelo plaça sa sagaie verticalement, la pointe sur l'oreille du taureau. Chacun des chefs placés autour de la tête de l'animal, prit de sa main droite le manche de la sagaie. Lahyvelo, l'air inspiré, prononça d'une voix tonnante ses imprécations : « Mihainoa, hianao, yanari ! Mihainoa, hianao, foratany ! mihainoa, hianao, volamena ! Izay manova, izaozaka izao, voan'ity, ombyity ! Izika miray maty, miray velona ! Miady izika, miaraha miady ! Midabaka izika, miaraka midaboka ! » (1)

Il se tait : les chefs enfoncent la sagaie dans le cœur du taureau, le sang jaillit. L'ombiasy reçoit le sang dans une marmite, et jette dans le sang ses boucles d'oreille en or. Il asperge l'assistance avec le sang du taureau en disant : « Izay manova zaka, tsyhialy, voanity volamena ity ! » (2)

Comme un chœur, en répons, les bourjanes s'écrient : « Izayai bourjanes tsy manova ny atonoerio chefs. Miadyisika, miasaka mody ! Mida-

____

(1) *Ses imprécations : « A nous les chefs, à nous le pays, « à nous l'or. Nous vous consacrons, ancêtres, ce bœuf « en holocauste. Nous affronterons ensemble la vie et la « mort. Combattons ensemble. Combattons. »*

(2) *En disant : « Nous jetons sur vous cette victime et cet or. »*

boka-isika, miaraka mideboka. » (1) Le taureau est dépecé, découpé en parts qui sont distribuées aux assistants.

Jusqu'à la fin de décembre, les groupes d'Esira passèrent leur temps en kabarys et en expéditions de vols de bœufs.

J'insiste sur ce fait que la révolte dans la province de Fort-Dauphin, ne fut point déterminée directement ni dirigée par Kotavy ou ses complices d'Amparihy, dont la bande n'alla pas plus loin que Manantenina, si même elle y parvint. Kotavy reprit, après l'arrêt de sa marche sur Vangaindrano, le chemin du pays qu'il connaissait, le sien, et nous le retrouverons bientôt sur les rives de l'Ionaivo.

Les indigènes de Ranomafana et d'Esira se révoltèrent à la nouvelle des exploits de Kotavy, de la mort de Vinay et de Choppy, comme à Begogo s'était revolté Befanhoa.

Mahavelo et Resohiry, chefs de l'émeute dans ces deux villages, avaient obéi aux mêmes raisons que Kotavy et Befanhoa. Tous avaient cru que les morts de Vinay, Choppy, Hartmann, déchaîneraient la révolte générale d'où sortirait la libération de Madagascar.

En réalité, la révolte partit de trois foyers : Amparihy, Begogo, Renomafana.

Elle eut trois meneurs principaux : Mahafiry, qui tua Vinay ; Befanhoa, qui tua Alfonsi ; Mahavelo, qui détruisit Ranomafana, puis Esira.

Les révoltés se groupèrent en trois bandes principales : celle d'Amparihy avec Kotavy comme

____

(1) *Les bourjanes s'écrient : « Nous bourjanes nous vous suivrons chefs, nous combattrons jusqu'au bout. »*

chef au moins nominal, celle de Begogo sous l'autorité de Befanhoa, celle de Ranomafana-Esira, dont les principaux meneurs furent Mahavelo et Resohiry.

La troupe de Kotavy ne quitta guère le district de Vangaindrano, celle de Bafanhoa se localisa dans une région limitrophe des provinces de Farafangana, Fort-Dauphin et Betroky ; les bandes de Mahavelo opérèrent dans les districts de Tsivory et Fort-Dauphin.

Des mouvements, des tentatives de soulèvement se produisirent dans des districts voisins, sans atteindre la gravité des manifestations insurrectionnelles de ces groupes principaux.

Dans l'Ikongo, à Vondrozo, dans le district d'Ivohibe, les indigènes eurent des velléités de révolte, rapidement calmées par la présence de forces militaires envoyées dans ces régions, forces qui n'eurent pas à intervenir autrement que par cette présence même.

Remalahy, chef de Manambolo, ne connut la mort de Pietri que le lundi 5, deux jours après l'événement, par un bourjane qui le dimanche, passant à Esira, avait vu les ruines du poste, du village, et rapportait ce qui s'était passé.

Le lendemain mardi, 6 décembre, Remalahy rencontrait Tsimaloma, porteur d'une des mains du sergent assassiné. Tsimaloma était envoyé par les gens de Fiela, pour exhiber cette preuve de la mort de Pietri, et dire partout qu'il fallait tuer tous les vazahas.

Remalahy obéit immédiatement à cet ordre : il partit avec quinze hommes à destination de Mahaly, poste à une journée de marche au nord-ouest, dans la direction de Tsivory. Il s'agissait de déterminer le chef de Mahaly, Rehamy, à suivre l'exemple des groupes d'Esira et à organiser un guet-apens, dans lequel serait tué l'adjudant commandant les treize tirailleurs cantonnés à Mahaly.

Arrivé à Bevato, chez Ilahy, Remalahy envoie ce dernier exhorter Rehamy à prendre le parti des révoltés, à assassiner le vazaha de Mahaly.

Rehamy reste sourd à ces objurgations, il se refuse absolument à suivre les révoltés : découragé, Remalahy reprend la route de son village, s'arrête à Esira, y reçoit, comme nous l'avons vu, un fusil sans cartouches, puis rentre chez lui « garder ses bœufs ».

La révolte ne s'étendit pas davantage dans la direction de Tsivory. A Mahaly d'ailleurs on était sur ses gardes. Le 4 décembre, l'adjudant chef du poste écrivait : « *Nous venons d'apprendre que le chef du poste d'Esira, Pietri, a été tué. Plusieurs fusils et munitions ont été enlevés aux tirailleurs de ce détachement. Ce malheureux camarade devait se replier sur Mahaly le 4 décembre. Nous avons 22 tirailleurs au poste et attendons les événements qui pourraient se produire. Pas possible de faire de sortie pour le moment. Nous nous attendons à être attaqués d'un moment à l'autre, notamment par les fahavalos qui ont enlevé Esira.* »

* * *

Nous avons laissé les insurgés, le 1ᵉʳ décembre, à Ranomafana pillé et brûlé, abandonné, sur l'ordre de Mahavelo, par Mlle B..., le R. P. Coindard et les tirailleurs en fuite vers Fort-Dauphin.

Les vainqueurs de Ranomafana continuèrent leur marche vers le sud, une partie se dirigeant vers Fort-Dauphin, une autre sur Manambaro, la troisième du côté de Behara.

La colonne d'insurgés marchant vers Fort-Dauphin, rencontra le 3 décembre, sur sa route, une concession, occupée par un lieutenant d'infanterie coloniale, M. Conchon, en congé temporaire, associé à un de ses camarades, le lieutenant Garenne. Ces deux officiers exploitaient sur le territoire d'Isaka une concession agricole, appelée l'Emeraude — ainsi nommée parce qu'elle était la « pierre précieuse » des terrains de culture dans le pays.

MM. Conchon et Garenne avaient été installés officiellement dans leur concession, sans qu'on se fût occupé des indigènes établis sur ce domaine : onze des propriétaires lésés, devenus des sans-terre, avaient dû émigrer et créer à Ranomainty des rizières, pour remplacer celles que la concession d'Emeraude leur avait enlevées.

Comme le sergent Vinay, comme Choppy, M. Conchon (M. Garenne était absent) se savait menacé. Le commandant Leblanc, de Fort-Dauphin, lui avait fait connaître ce qui s'était passé à Amparihy. Le 26 novembre il répondait au chef du cercle qu'il demeurerait sur sa concession, jusqu'au moment où il recevrait l'ordre de rallier Fort-Dauphin. Le commandant Leblanc le laissa libre de rentrer ou non à Fort-Dauphin, lui-même étant juge, à l'aide de ses renseignements propres et de son appréciation personnelle du danger, de l'opportunité qu'il y aurait à quitter sa concession.

Le matin du 3 décembre, M. Conchon était très préoccupé; il examinait l'extérieur de sa maison. Mme Conchon, ainsi qu'une autre personne qui l'accompagnait, l'entendirent se dire à lui-même :

« Non, il n'est pas possible de se défendre ici ».

Les fahavalos arrivèrent dans l'après-midi, en troupe. M. Conchon, qu'ils avaient connu officier, revêtu de l'uniforme, était à leurs yeux dans un poste militaire : il devait subir le sort de tous les vazahas. M. Conchon fut tué à coups de sagaies, son cadavre mutilé, la concession incendiée. Aucun mal ne fut fait à Mme Conchon, qui put partir avec sa tante et son enfant.

Le lendemain 4 décembre, les fahavalos, leur bande faisant boule de neige, arrivèrent devant Fort-Dauphin. Alors commença la ridicule manœuvre qui fut appelée pompeusement le siège de Fort-Dauphin. Nous y reviendrons plus tard.

Avant d'arriver à Isaka et à l'Emeraude, une partie des révoltés s'était détachée. Laissant Fort-Dauphin sur sa gauche, cette troupe se porta sur Manambaro, à 40 kilomètres au sud. En passant, elle avait, en inclinant à l'est, trouvé le phare d'Itapert en construction. Le 5 décembre, le commandant du Fort-Dauphin ordonnait au contremaître des travaux publics Tallec, qui dirigeait la construction du phare, de regagner Fort-Dauphin, alors entouré par les fahavalos. Le contremaître Tallec plaça dans deux caisses sa comptabilité et l'embarqua dans un canot avec six hommes. Dans ces parages, à l'extrême sud de Madagascar, la mer se soulève constamment en lames énormes. Le 5 décembre le vent soufflait violent; la petite barque ne put doubler la pointe Itaperina, à l'ouest de laquelle se trouve Fort-Dauphin. Il fallut renoncer à la navigation. Le chef du village d'Evrata arrivait suivi de quelques hommes. Avec leur aide, Tallec et ses compagnons transportèrent le canot à travers l'isthme et le remirent à l'eau. La mer était toujours grosse, mais Tallec put arriver à Fort-Dauphin et s'enfermer avec tous les Européens dans le vieux *rowa* construit par de Flacourt.

Bientôt les insurgés arrivèrent à la pointe. Ils brûlèrent les cases des ouvriers, et détruisirent tout ce qu'ils ne pouvaient emporter. La comptabilité contenue dans des caisses et la malle, que Tallec avait cachées soigneusement dans une brousse épaisse, ne pouvant les transporter à travers l'isthme avec le canot, furent découvertes et disparurent. Vraisemblablement le chef et les indigènes d'Evrata se payèrent ainsi du service rendu en portant le canot.

Manambaro fut atteint. Manambaro avait une certaine importance : c'était le passage obligatoire des convois et des gens, entre Fort-Dauphin et le pays Androy. Le commerce de Manambaro était plus actif que celui de Fort-Dauphin même.

Ce poste était commandé par un adjoint des affaires civiles, M. de Villèle, ayant sous ses ordres cinquante tirailleurs indigènes et deux gradés européens. M. de Villèle, officier de réserve, était énergique, prévoyant et connaissait parfaitement le milieu indigène. Dès qu'il eut vent d'un mouvement insurrectionnel, il fortifia son poste le mieux possible et redoubla de vigilance. Il tint sa petite garnison en alerte, arma quatre Européens, colons de Manambaro, et attendit.

Le 6 décembre la troupe révoltée se présenta devant Manambaro : elle fut reçue par un feu bien dirigé ; les insurgés s'éloignèrent momentanément et furent repoussés à chacune de leurs tentatives d'agression. Nous verrons que Monambaro fut complètement dégagé quelques jours plus tard par un détachement de secours. M. de Villèle rentra alors à Fort-Dauphin, avec sa femme et ses *cinq* enfants, sur l'ordre formel du commandant Leblanc. Le lendemain, le poste était brûlé par les insurgés, maîtres d'une place laissée sans défense.

Autour de Manambaro s'arrêta cette vague insurrectionnelle.

Des gens partis de Ranomafana, un troisième lot avait suivi la vallée de la Mananara, passé à proximité de Behara, puis l'Ampasimpolaka, pour s'arrêter, sans le dépasser, à Andrahoinana, le 14 décembre.

Nous avons vu que, d'Esira, un groupe avait marché sur Mahaly. Quoique les gens du pays, comme nous l'avons vu, aient refusé de se joindre aux fahavalos et de tuer l'adjudant commandant Mahaly, le commandant du cercle ordonna à la garnison de Mahaly d'évacuer ce poste et de rejoindre à Tsivory la partie principale de la compagnie.

Comme à Manambaro, les rebelles incendièrent le poste de Mahaly, abandonné.

Tous les autres postes: Behara, Ampasimpolaka, étaient entourés de révoltés, qui n'osaient pas se heurter à des défenses bien organisées, mais coupaient toutes les communications. Chaque poste était un îlot au milieu d'un océan d'ennemis, redoutables par leur nombre.

Au 15 décembre, la situation dans le cercle de Fort-Dauphin, se résumait ainsi : Les postes de Ranomafana, Esira, Manambaro, Mahaly, détruits par l'incendie, étaient au pouvoir des rebelles ; Fort-Dauphin, Manantenina, Ampasimpolaka, Behara, Tsilamohava, Ranomainty étaient bloqués de plus ou moins près. Ces derniers postes comptaient au moins cent soixante-quinze tirailleurs, armés de fusils modernes, et plus de vingt gradés européens, officiers ou sous-officiers, ainsi immobilisés dans ces garnisons.

DEUXIEME PARTIE

CHAPITRE PREMIER

La répression

Les premières opérations dans la province de Farafangana, sous le commandement du capitaine Quinque.

Marche du capitaine Quinque sur Vangaindrano. Ses hésitations. Opérations contre Befanhoa. Brutalité de la répression.

Exécutions sommaires chez les Amblionys.

Siège de Vatanata par les rebelles.

Incidents à Midongy - Ranotsara - Soarano.

Le capitaine Quinque, après avoir lancé sur Amparihy la reconnaissance de Baguet, si dramatiquement terminée, était parti de Midongy pour Vangaindrano, comme il l'avait projeté, le 22 novembre à 5 heures du matin.

A 10 h. 30, il arrivait et faisait halte au gué de la Manambondrono. A midi, il y recevait un courrier de M. de Juzancourt, administrateur, chef du district de Vangaindrano. Il apprenait des détails sur la mort de Vinay, la défection des miliciens d'Amparihy, le sac du poste et l'attaque sans succès dont M. de Juzancourt avait, disait-il, été l'objet au passage de la Vatanata.

Le capitaine Quinque, mieux informé de la situation, entrevit le danger couru par la troupe du lieutenant Baguet et hésita un instant : devait-il continuer sa route sur Vangaindrano ou se porter au secours de son lieutenant ?

Après réflexion, il se décida pour la marche sur Vaingaindrano.

Or le 22 novembre, à l'heure où le capitaine Quinque pesait les raisons d'agir dans un sens ou dans l'autre; peu importait, bien qu'il n'en eût pas conscience, sa décision à l'égard de la troupe de Befotaka. A cette heure (midi) Baguet était mort, Janiaud blessé, les tirailleurs dispersés.

Il est fâcheux, malgré tout, que le capitaine Quinque n'ait pas pris le parti qu'il rejetait. En se portant du gué de la Manambondrono sur Amparihy, à cinq heures de marche, il se fût heurté, avec une force bien supérieure, à la bande de Kotavy; il eût pu la disperser, arrêter là l'insurrection, recueillir le cadavre du lieutenant Baguet, qui dut rester au contraire plusieurs jours sur place.

Ce fut du gué de la Manambondrono que, mieux éclairé sur la situation, le chef du district de Midongy, paraissant oublier que le 20 au matin son lieutenant avait reçu de lui l'ordre de partir en reconnaissance, modifia comme suit ses premières instructions : « *Sergent Vinay et commerçant Choppy assassinés près d'Amparihy. Garde régionale d'Amparihy est à la tête de l'émeute ; Vangaindrano en danger. Donne ordre à Ranotsara vous envoyer 5 tirailleurs en renfort. Partez à la tête de 25 ou 28 tirailleurs et portez-vous sur Vatanata par Ranohira et Tamisoa. Il serait peut-être dangereux de vous rendre par Imandabe à*

Amparihy. Emportez munitions complètes et une ou deux caisses de réserve. Trouverez à Vatanata administrateur Vangaindrano, Janiaud et moi. Ce point est point de concentration. »

Ayant continué sa route, le capitaine Quinque arrivait en vue de Vangaindrano le 23, à 11 heures du matin et recevait, du chef de la province de Farafangana, un ordre lui donnant la direction des opérations militaires dans le district de Vangaindrano.

Le capitaine apprenait en outre, que M. de Juzancourt se trouvait à Vangaindrano, qu'il était en état de défendre ce poste avec trente-sept miliciens sous ses ordres. Vangaindrano n'était pas en danger ; une halte prolongée fut ordonnée et la colonne n'entra à Vangaindrano qu'à 15 h. 30.

Le 24, la colonne demeura inactive à Vangaindrano. A 3 heures du soir, un message apprit le désastre subi par la reconnaissance de Baguet-Janiaud, et la mort de ces deux lieutenants.

A ce moment, le capitaine Quinque modifie les ordres envoyés le 22. Sous le titre « Instructions », il écrit à Midongy : « *Je modifie comme suit les ordres que j'ai donnés primitivement : Prévenez Befotaka et Ranotsara qu'ils conservent leurs effectifs au complet et au poste. La garde sera doublée. Résistance à outrance en cas d'attaque. Midongy gardera les effectifs venant d'Iakora et d'Ivohibe, jusqu'au retour du capitaine qui ne saurait tarder. Je reste à Vangaindrano jusqu'à nouvel ordre, la ville étant menacée. A Midongy faire bonne garde et résister jusqu'au bout en cas, bien improbable, d'attaque du poste. Faire à Begogo les recommandations que j'ai transmises ce matin.*

Tenez détachement prêt à marcher. Ne laissez à

Midongy que 30 hommes, dont vous. Vous donne-
rai des instructions pour le point où diriger déta-
chement, si je n'en prends pas le commandement
moi-même à mon arrivée, en remplacement du
mien éreinté par une marche forcée.

Prévenir Dominici (à Befotaka) de mettre scel-
lés sur logement lieutenant (Baguet) et établir
prise commandement district.

Faire de même à Midongy sur appartement
Janiaud.

Suis abattu de ces tristes nouvelles auxquelles
ne pouvais croire.

Pauvres camarades qu'une trop grande ardeur
et une initiative néfaste ont conduit à la mort.

Pouvez mettre à Midongy pavillon en berne :
il ne sera relevé qu'après éclatante vengeance. Je
déplore mon impuissance en présence d'un tel
événement ».

Une véritable incohérence a marqué les ordres donnés par le capitaine Quinque.

Le 19, au soir, il ordonne à Baguet de se mobi-liser *avec Janiaud et quelques hommes d'escorte,* et de pousser une pointe de reconnaissance sur Amparihy. Janiaud reviendra d'Imandabe à Midongy.

Le 21 il lui prescrit : « *Tenez prêt à marcher sous vos ordres directs un détachement de 20 tirail-leurs qui emporteront 4 jours de vivres et 120 car-touches. Vous laisse toute initiative quant à l'op-portunité d'une action rapide sur Amparihy... »* et il annonce qu'il part pour Vangaindrano.

Le 22, nouvel ordre : « *Partez à la tête de 25 ou 28 tirailleurs et portez-vous sur Vatanata par Ranohira et Tamisoa. Il serait peut-être dangereux de vous rendre par Imandabe à Amparihy. »*

Dans le premier ordre, la route par Imandabe est indiquée, dans le troisième elle est considérée comme dangereuse. Dans les premier et deuxième ordres, l'objectif est Amparihy. Dans le troisième, c'est Vatanata.

Les lettres écrites le 20 à 9 heures du soir, par Baguet et Janiaud bivouaquant à Amparihy, arrivèrent à Midongy le 22, après le départ du capitaine pour Vangaindrano.

Les Européens de Midongy transmirent ces lettres, à 16 h. 30, au capitaine en reconnaissance et répondirent à Baguet, lui apprenant le départ du capitaine avec trente fusils, lui disant, en réponse à sa demande de renforts, qu'il ne restait que vingt-six fusils à Midongy, qu'on ne pouvait dégarnir davantage le poste, avant l'arrivée du lieutenant Petitjean à qui le capitaine avait prescrit de rejoindre Midongy, où il était attendu le jour même.

A ce moment, Baguet était tué et le lendemain matin 23, à 11 heures, harassé, encore halluciné, sortant blessé de terribles épreuves, Janiaud arrivait à Midongy, dont il prenait le commandement.

Dans la matinée du 23, ou la nuit du 22 au 23. le désastre d'Amparihy avait été connu à Midongy par un envoyé du sergent commandant Befotaka en l'absence de Baguet. Ce sergent s'attendait à être attaqué. De Midongy fut envoyée au capitaine Bieau, commandant le district voisin d'Ivohihe, une demande de secours en hommes et munitions. A 11 heures du matin arrivait le lieutenant Janiaud : de Midongy on rectifia pour le chef de la province à Farafangana la dépêche lancée quelques heures plus tôt, qui annonçait sa mort.

A son arrivée, Janiaud trouva le poste de Midongy mis en état de défense par le Dr Bernard et le sergent-major Emmanuel. Un retranchement avait été élevé, un champ de tir dégagé en avant du parapet et des palissades, un réduit organisé renfermant les vivres, les munitions, les médicaments.

Partout avaient été envoyés des émissaires.

Le capitaine Quinque avait prescrit au lieutenant Petitjean de remettre à un sergent la direction du sous-district de Iakora et de se rendre à Midongy où, pendant son absence, il assurerait l'expédition des affaires du district, le commandement du poste et le ravitaillement des troupes. (Le capitaine à cette date ne connaissait pas la rentrée à Midongy du lieutenant Janiaud, qu'il croyait tué à Amparihy).

Le lieutenant Petitjean devait amener avec lui à Midongy les munitions en excédent à Iakora et Soarano, ne laissant dans ces postes que 170 cartouches par homme présent le jour de la réception de cette note de service.

Janiaud transmit ces ordres en les faisant suivre d'avis inspirés de ses propres renseignements.

A Ranotsara, il fit savoir que les indigènes se proposaient d'enlever le poste ; ils devaient entrer en masse le jour du marché, sous prétexte d'apporter du riz, s'emparer des armes et exterminer la garnison.

A Begogo, les bourjanes de Iakotika devaient se précipiter sur la garnison, saisir les fusils et égorger les tirailleurs et le sergent.

Le 25 novembre, le lieutenant Cautelier amena dix-huit tirailleurs de Vondrozo, pour renforcer la garnison de Vangaindrano : le chef-lieu du district était ainsi mis hors de danger. Le capitaine Quinque décida de rentrer rapidement à Midongy, qu'il jugeait entouré de rebelles menaçants, et se mit en route le lendemain 26, par Vatanata.

En quittant cette étape de Vatanata, le capitaine Quinque emmena M. Calendini, avec vingt-cinq miliciens, pour renforcer son propre détachement porté ainsi à cinquante-cinq fusils.

Il intronisa chef de poste de Vatanata le soldat Méric, à la tête de vingt-deux miliciens, assisté de son camarade Espinasse.

Escorté de ses cinquante-cinq hommes, le capitaine arriva à Midongy le 28, vers 4 heures du soir, sans incident. Ses craintes étaient dissipées. Il rentrait dans son poste avec cinquante-cinq fusils, qui s'ajoutaient aux vingt-six qu'il y avait laissés.

Du 20, jour où il avait appris l'assassinat de Vinay, au 26, le capitaine Quinque s'était dépensé en ordres et contre-ordres, avait exécuté sur Vangaindrano une marche inutile, lancé, sans réflexion, Baguet sur Amparihy, perdu cinq jours entiers dans une agitation sans résultat.

Le 27 novembre à 16 heures, en arrivant à Vatanata, le capitaine avait appris l'enlèvement du poste de Begogo et l'assassinat du sergent Alfonsi, par Befanhoa et les gens d'Iakotika. En même temps le lieutenant Janiaud, qui avait pris le commandement de Midongy, communiquait que le poste avait été attaqué, ou plutôt menacé, pendant la nuit du 24 au 25.

Chez le capitaine Quinque, c'est toujours la même préoccupation, de rejeter sur *l'ardeur trop grande et l'initiative néfaste* de Baguet et Janiaud, la responsabilité du désastre d'Amparihy, alors que l'incohérence, la fébrilité, les contradictions de ses ordres, en furent la cause principale. Des instructions nouvelles avaient été expédiées le 26 novembre de Vangaindrano : à Messieurs les chefs des sous-districts, comme ordre, et au capitaine chef du district d'Ivohibe, à titre de renseignement.

Elles relataient la mort de Vinay, celle de Baguet et de Janiaud (le capitaine ne connait pas encore son retour à Midongy), mais toujours soucieux d'éluder les responsabilités, il écrit : « M. Janiaud, *contrairement aux ordres qui lui avaient été adressés, de revenir en hâte à Midongy,* accompagna M. Baguet ». Ensuite, le capitaine mettait en garde les chefs de poste contre des attaques possibles ; il recommandait la vigilance et sous le coup du désastre d'Amparihy, il indique : « *Pas de sortie, pas de mouvement en reconnaissance, qui puissent occasionner un nouveau désastre, d'autant que le capitaine a besoin de tout l'effectif disponible pour agir et préparer le terrain à la colonne qui sera formée, sinon pour donner une leçon aux rebelles, au moins pour leur arracher les cadavres de nos regrettés camarades et tirailleurs* ».

Dans la nuit du 24 au 25, les gens des villages d'Itomanpy, entre Midongy et Antanandara, vinrent près du poste avec l'intention évidente de l'attaquer. Voyant la vigilance des occupants, ils se retirèrent.

Le 25 au matin, Begogo était enlevé par Befanhoa et le sergent Alfonsi massacré. Le lieutenant Petitjean qui n'avait pas reçu les ordres à lui destinés, abandonnait de son initiative le poste d'Iakora, et partait pour Midongy, où il devait arriver le soir.

Le lieutenant Janiaud, le 26, transmettait ces

nouvelles au capitaine Quinque, toujours supposé en reconnaissance à Vangaindrano.

Le samedi 26, l'adjudant chef de Ranotsara, prévenu de l'assassinat d'Alfonsi par les émissaires envoyés de Midongy, avertit la population qu'il n'y aurait pas marché à Ranotsara le dimanche, fit fermer les portes du poste le samedi soir et travailler à la fortification jusqu'à minuit. Une agitation insolite se manifesta aux abords du poste, où circulaient le dimanche matin de nombreux indigènes portant du riz. La fermeture du marché les découragea ; leur plan était inexécutable ; ils se tinrent tranquilles.

Le détachement demandé à Ivohibe arrivait à Soarano sous le commandement du lieutenant Foulon : c'était vingt-neuf tirailleurs de plus.

Le 29 novembre, le capitaine demeure à Midongy, le 30 il reçoit les vingt-neuf tirailleurs du lieutenant Foulon : il apprend par une lettre de M. Hartmann, son départ de Ranomafana pour Manantenina et Amparihy. Hartmann se proposait, avec le lieutenant Barbassat, d'attaquer les villages de Sandravinany le 1er décembre. Le capitaine disposait de cent fusils. Pour coopérer avec MM. Hartmann et Barbassat, il lui fallait deux journées de marche ; il n'arriverait que le 2 décembre, bien tardivement. Se porter vers Amparihy et Manantenina, c'était dégarnir Midongy, laisser le champ libre à l'insurrection. De même qu'au gué de la Manambondrono, il n'était pas allé au secours de Baguet, le capitaine Quinque s'abstint de porter aide à MM. Hartmann et Barbassat.

On peut déplorer cette décision : le capitaine Quinque, en arrivant le 2 décembre, aurait débloqué le lieutenant Barbassat et la destruction de

Ranomafana, le massacre d'Esira, qui suivirent, auraient été évités (voir la progression de la révolte dans le cercle de Fort-Dauphin).

Donc le capitaine Quinque maintient ses ordres de la matinée du 30 novembre : former une troupe de cent fusils, devant partir le 1ᵉʳ décembre pour Begogo et Ranotsara.

La reconnaissance était composée de : cinquante tirailleurs de la 1ʳᵉ compagnie du 2ᵉ Malgaches (lieutenant Petitjean arrivé à Midongy, après avoir quitté le poste de Iakora) ; vingt-neuf tirailleurs de la 5ᵉ Compagnie du 2ᵉ Malgaches (lieutenant Foulon) ; vingt-cinq miliciens (garde régional Calendini). Bernard, le médecin de Midongy, aide-major de 1ʳᵉ classe, emportait avec un convoi 3.840 cartouches modèle 80, 1040 modèle 79-83, des outils, deux paniers de médicaments, huit jours de vivres. Le tout sous le commandement supérieur du capitaine Quinque.

Craignant que les rebelles aient coupé et obstrué par des abattis la route de Midongy à Iakotika, le capitaine fit prendre à sa troupe l'itinéraire Midongy-Antanondara, par Ihosy-Iakotika-Begogo, tournant les points occupés par l'ennemi.

La petite armée quitta Midongy le 1ᵉʳ décembre à 7 heures, et sans incident arriva à 17 heures à Antanondava, où elle cantonna au milieu de la tribu Ambiliony.

Les Ambiliony étaient présents dans leur village, leurs troupeaux à la pâture. Tout était calme, tranquille. Le capitaine était persuadé que, malgré ces apparences, les indigènes de cette tribu étaient hostiles et avaient pris part au massacre de Begogo. Il ne fit rien paraître de ses intentions, réservant pour plus tard ce qu'il estimait un châtiment mérité.

Les hostilités véritables furent engagées le lendemain 2 décembre. A 5 h. 30, la colonne quittait le cantonnement et trois heures plus tard entrait sur le territoire des tribus ouvertement insurgées.

Tous les grands villages de la tribu Zafitemana étaient depuis plusieurs jours abandonnés par leurs habitants. Des objets provenant du pillage de Begogo y furent découverts : un complet bleu de tirailleurs, deux chéchias.

Vers 12 heures, deux indigènes de la tribu Ambiliony furent arrêtés. Ils étaient soupçonnés d'être venus renseigner Befanhoa, chef de la tribu Zafindiandika. D'après certains renseignements, cette tribu avait pris une part prépondérante au complot dirigé contre Begogo et à son exécution. Les indigènes arrêtés affirmèrent que les Zafindiandika n'avaient pas quitté leurs cases.

A 16 h. 30, après avoir traversé les ruines du poste d'Iakotika, depuis longtemps abandonné, et dont les insurgés avaient incendié les restes, la colonne atteignit le cirque d'Ifandana.

Quelques coups de feu furent tirés par les indigènes sur l'avant-garde, qui riposta : les assaillants se retirèrent sur le cirque de Beampombo.

La nuit était venue, la troupe bivouaqua sur un mamelon.

Au lever du jour, vers 4 heures, le caporal Bouché fut envoyé, avec vingt tirailleurs et des partisans, pour reconnaître l'ennemi rassemblé sur le plateau de Beampombo.

Une heure après, le caporal signalait des troupeaux marchant vers la forêt ; la tribu, à la vue des tirailleurs, envoyait précipitamment dans les bois ses bœufs, ses femmes, ses enfants.

Le combat s'engagea et devint ardent vers 8 heures. Les divers groupes : l'avant-garde sous les ordres du caporal Rougé, le peloton de tirailleurs commandé par le lieutenant Petitjean, celui du lieutenant Foulon, les miliciens du garde principal Calendini, entrèrent tous en action, dans une assez grande confusion, se heurtant à une résistance obstinée, subissant même des contre-attaques vigoureuses.

Finalement les indigènes battirent en retraite devant une poussée énergique du lieutenant Petitjean. Ils gagnèrent la lisière de la forêt, et s'y arrêtèrent quelque temps.

A 10 h. 50, le champ de bataille demeurait aux mains de la colonne Quinque : les insurgés se reformaient à deux kilomètres à l'est, sur une hauteur dominant de trois cents mètres celle d'où ils étaient chassés.

Le capitaine Quinque revint à son bivouac de la nuit, ne pouvant pénétrer en forêt et attaquer une position jugée très forte.

Ce fut la première rencontre des troupes françaises avec les indigènes, rencontre inévitable, nécessaire. Les Français ne pouvaient rester inactifs, ne pas punir les assassins de Vinay, d'Alfonsi, la traîtrise de Befanhoa. Ils devaient rétablir leur autorité, montrer aux révoltés l'inutilité de leur rébellion, leur impuissance devant nos armes.

L'insurrection avait surtout déterminé une explosion de sauvagerie ; les indigènes étaient retournés d'emblée à leurs habitudes de violence, de cruauté ; la répression s'imposait, indispensable tant dans l'intérêt des indigènes eux-mêmes que nous devions arracher à leur barbarie, que dans celui de notre œuvre de colonisation et de la sécurité des Européens, de tous les vazahas de Madagascar.

Mais à la barbarie malgache il ne fallait pas opposer une autre barbarie; il importait de donner à la répression un cachet de dignité hautaine, d'apprendre aux indigènes que notre force est une puissance de civilisation, que même notre violence, quand nous sommes forcés de l'employer, diffère dans ses manifestations de la brutalité, sans mesure, des primitifs.

Dans le récit tiré des rapports officiels du capitaine Quinque, rien à critiquer : c'est le tableau d'un combat. Les à-côtés de ce combat, nous les connaissons par deux lettres du capitaine au lieutenant Janiaud, commandant de Midongy, dont les détails donnent à la répression sa véritable figure. La première lettre est du 2 décembre : « *Je ne sais si cette lettre vous parviendra. Nous sommes, à Beampombo, en plein cœur de l'Iatoka, où nous bivouaquons, les hommes équipés, le fusil entre les jambes, prêts à tout. Le contact a été pris vers les 4 heures du soir (engagement d'avant-garde du rapport officiel) et la poursuite a commencé, arrêtée par la nuit. Demain nous continuons; où irons-nous ? Impossible de le dire ; cela dépendra de Befanhoa... J'avais oublié de prendre un fanion. J'ai décroché, en passant, celui des Ambiliony et le fais porter par le chef de cette tribu, Tsiandika, qui est compromis, je crois, dans l'affaire de Begogo. Il en r... et n'a nullement besoin de sulfate de soude ou de magnésie.*

Matofika et les partisans sont pleins d'entrain.

Quel sakafo (festin) de villages, mais vidés de tout !

Les tirailleurs ont assommé deux types avant que Petitjean ait eu le temps de tourner la tête. Les partisans ont grillé une vieille femme. C'est la vengeance annoncée. »

Le 3 décembre au soir, après le combat du jour, nouvelle lettre du capitaine Quinque.

« Aujourd'hui engagement très important avec Befanhoa. Combat très acharné de part et d'autre, lui défendant famille et troupeaux, les tirailleurs vengeant Begogo... La région a été proprement nettoyée, sauf le riz qui ne sera pas mûr avant deux ou trois mois et que je reviendrai couper en temps voulu.

Je ne sais pas ce que Befanhoa trouvera en forêt, mais il est certain qu'il vivra misérablement pendant longtemps. Les troupeaux ont énormément souffert aujourd'hui... Enfin Befanoha a dû subir un échec qui doit lui tenir au cœur, par le cadavre de son fils tombé en nos mains et brûlé... »

Ces tirailleurs assassinant des prisonniers, ces partisans grillant une vieille femme, le malheureux chef obligé de porter le fanion du capitaine, tremblant d'être exposé, par devant aux balles de ses frères insurgés, par derrière à celles des tirailleurs, le capitaine plaisantant sur son effroi, tout cela c'est la guerre sauvage. C'est une barbarie se heurtant à une autre barbarie, c'est la lutte entre non civilisés, qui tuent les prisonniers, brûlent les femmes. Les partisans à la solde de la France ont toutes les mœurs, toutes les habitudes des primitifs, leurs frères, leurs pères, leurs parents : ils font la guerre pour le sakafo (le pillage) et ce sont nos alliés, des guerriers sous nos ordres!

Sans être un idéologue, un mystique, il est permis de penser et de dire que la civilisation ne doit pas s'implanter chez des barbares, par une action conçue et conduite avec des procédés de sauvages.

En effet, la discipline militaire ne s'est pas imposée aux tirailleurs, même en matière purement militaire. Pendant le combat, le chef est dans l'impossibilité de faire sentir son autorité, de diriger le feu. Dans sa dernière lettre le capitaine Quinque écrit : « *4.000 cartouches brûlées, j'en suis renversé; des tirailleurs sont revenus avec 15 et même 5 cartouches... les tirailleurs ont été plein d'entrain ; ils ont combattu avec acharnement, à bout portant, avec une haine de race qui rend le commandement difficile, je dirai même impossible. Chacun d'eux était redevenu sauvage et voulait combattre pour son compte personnel, entrait seul en forêt, faisant le coup de feu sans viser ; bien entendu ma réserve de cartouches y est passée.* »

Ce grand combat avait coûté un mort, un seul, le tirailleur Remanhary, atteint d'un coup de feu. Pas un seul blessé. Du côté des rebelles, qui avaient, dit le rapport, subi des pertes sensibles, on ne recueillit qu'un cadavre, celui d'un fils de Befanhoa. Befanhoa lui-même avait été, apprit-on les jours suivants, sans que preuve certaine en ait jamais été fournie, atteint d'une balle entrée par la paroi abdominale et sortie près la colonne vertébrale. Coup de contour probablement sans pénétration.

La nuit se passa sans incident. Le lendemain la colonne se porta sur l'emplacement du poste de

Begogo, dont il ne restait debout que quelques poteaux calcinés.

Dans une dépression, à proximité du poste, fut reconnu le cadavre d'Alfonsi, mutilé et ayant subi un commencement d'incinération. A ses côtés étaient les cadavres de quatre tirailleurs ; trois autres se trouvaient dans le voisinage. Les têtes étaient séparées du tronc et déjà réduites, en partie, à l'état de squelette. Les honneurs furent rendus et les restes inhumés.

De là Quinque se dirigea sur Ranotsara, où il arriva le 5 décembre. Les chefs vinrent protester de leur dévouement et de leur soumission à la France. Le poste, avec vingt-deux hommes de garnison, était en bon état de défense.

De Ranotsara la colonne vient cantonner à Ihosy, au milieu de la tribu Ambiliony. Quelques instants après l'arrivée à Ihosy, un tirailleur apporta des tringles de fer, trouvées dans une case, tringles considérées comme étant les supports du lit portatif d'Alfonsi.

Pour le capitaine, la preuve de la culpabilité des gens d'Ihosy était faite, et par cette découverte et par celle de marmites, glaces, verres d'origine européenne, et aussi de sacs de riz cachés sous des cactus, indiquant des projets de fuite. Dix-huit indigènes furent arrêtés et fusillés séance tenante sur l'ordre du capitaine. Etaient présents à l'exécution : le lieutenant Petitjean, le Dr Bernard, tous les Européens de la colonne.

C'est ce que dans un rapport à ses chefs militaires, le capitaine Quinque exprime en ces termes : « *Cette tribu fut châtiée durement* ». Toujours la méthode brutale et inintelligente. Rien ne prouvait que les gens d'Ihosy aient pris, en masse, part au massacre de Begogo. Que quelques-uns s'y fussent trouvés, c'était possible, mais à quel titre ? Assassins d'Alfonsi, incendiaires, pillards, ou même simplement recéleurs des objets trouvés en leur possession ?

L'exécution d'Ihosy eut un effet déplorable dans la région ; tous les villages fuyaient vers la forêt dès qu'apparaissait un casque blanc d'Européen, ou une chéchia rouge de tirailleur. Befanhoa parcourait le pays, criant : « Venez avec nous, que vous soyiez ou non des nôtres, vous serez tous tués, voyez ce qui est arrivé aux gens d'Ihosy qui n'avaient rien fait ».

Exécuter des gens en masse, sans preuve de la culpabilité de chacun, c'était méconnaître d'une façon absolue l'état d'esprit de l'indigène de Madagascar, au reste semblable à celui de tous les primitifs.

Le primitif a une conscience très éveillée de la justice. Certes il n'a pas, comme nous, le souci de doser la peine suivant la gravité du crime ou du délit. Il admet la mise à mort, comme sanction d'un acte que nous jugerions justiciable d'une amende ou d'une détention courte : peu importe la peine, il paye ! Il ne pardonne pas une condamnation non justifiée, si légère soit-elle. La mort pour le vol certain d'un pain, soit ! mais deux jours de prison imméritée, c'est un souvenir toujours présent, qui appelle une vengeance. A Ihosy, l'exécution de bourjanes en bloc jeta la terreur dans la région et, après être arrivé à Midongy le 8, la colonne, sur son chemin de retour, trouva tous les villages abandonnés.

En fait, l'opération répressive du capitaine

Quinque avait plus exaspéré que calmé les insurgés. Elle leur avait amené des recrues.

Le capitaine était rentré à Midongy, se targuant d'un important succès militaire.

Dans une lettre du 10 décembre, il écrivait : « *C'est déjà très beau d'avoir obtenu un succès sans plus de casse...* » Un succès militaire ? Oui et non. Oui, selon la conception tactique des Européens ; non, selon celle qu'il faut appliquer aux expéditions coloniales.

Dans un engagement aux colonies, européens et indigènes ne poursuivent pas le même but, n'ont pas la même conception tactique. *Succès* est un mot, dont le sens militaire n'est pas le même pour les uns et pour les autres.

L'Européen se dit vainqueur s'il reste maître de la position qu'il détenait au moment de l'engagement, ou de celle occupée par l'ennemi.

Une position militaire, pour l'Européen, c'est un mamelon facile à défendre, un point qui commande des routes, un passage de rivière, etc. Une position a une importance tactique dans la guerre savante, parce qu'elle intéresse les deux parties en lutte, parce que sa conquête entraîne comme conséquences la prise de possession de routes, de fleuves, de voies ferrées, de forteresses, etc...

Dans les guerres coloniales, l'adversaire, assaillant ou défendant, n'a cure de la position; il cherche à tuer et à piller. S'il se heurte à plus fort que lui, il rompt le combat sans s'inquiéter de la position dont l'Européen reste maître.

Il peut arriver — et il est arrivé — que l'Européen demeuré sur sa position, ou ayant conquis celle de l'adversaire, donc vainqueur au point de vue militaire européen, se trouve cependant, en raison des pertes subies (seul résultat cherché par l'assaillant) le vaincu, au regard de l'indigène.

Dans les engagements de la colonne Quinque, il y avait eu un mort dans chaque partie, — piètre victoire des Européens.

Sans valeur au point de vue militaire, les marches et fusillades du capitaine Quinque retardèrent, plus qu'elles ne les facilitèrent, la pacification et le rétablissement de l'ordre. Effrayés par la violence aveugle de la répression, frappant sans jugement innocents et coupables, les villages fuyaient à l'approche des Français: l'exode vers la forêt devint général. La région d'Iakotika, les abords de Midongy se vidèrent de leurs habitants, transformés souvent en fahavalos malgré eux. Plus il y avait de coups de fusils tirés, plus les hôtes de la forêt devenaient nombreux. Or tout indigène de la forêt devient fatalement un brigand; il lui faut manger, et rien de comestible n'existe dans la forêt que quelques racines, médiocre nourriture. S'il est établi depuis quelques mois dans une clairière, il y tente quelques cultures: survient une reconnaissance: il fuit plus loin; la reconnaissance détruit ses cultures, lui prend ses bœufs, s'il en a, ou vient cueillir le riz à maturité; ainsi que se le proposait le capitaine Quinque chez les Ambilionis.

Affamé, cherchant à ne pas mourir de faim, voulant rapporter aux siens leur pâture, le fahavalo sort de son repaire : il est bien obligé de piller les greniers à riz ou les parcs à bœufs. La chasse de l'indigène à coups de fusils, la destruction des cultures n'ont jamais pacifié une région; elles ont pu amener des soumissions, imposées par la famine et la terreur, mais il reste dans toutes ces âmes primitives une rancune, une haine sans fond, qui éclatent quelque jour, au grand émoi des imprévoyants, des politiques sommaires qui les ont semées et enracinées.

Dans des régions aussi peu peuplées que Madagascar, où une forêt immense est l'asile tout proche, poursuivre des révoltés à coups de fusil est une œuvre vaine ; le feu les fait s'égailler ; la poursuite, pour être efficace, nécessiterait plus de soldats que d'habitants.

Malgré les distances, les renseignements se transmettent et se propagent avec une étonnante rapidité. Dans les profondeurs de la forêt, les réfractaires connaissent tous les mouvements de l'adversaire. Après une rencontre, tous s'évanouissent, mais le lendemain des troubles éclatent sur un autre point, et c'est une course sans fin à la poursuite d'insaisissables ennemis.

Ainsi, pendant que le capitaine Quinque recherchait et poursuivait Bafanhoa, dans la région d'Iakotika, Vatanata, au sud-est de Midongy, était violemment attaqué. On se souvient que le capitaine Quinque, en remontant de Vangaindrano sur Midongy, avait laissé à Vatanata le soldat Méric, secondé par le soldat Espinasse et vingt-deux miliciens.

Les gens de la vallée de la Masianaka et de la Manambondro, dès qu'ils virent disparaître la colonne de cent fusils conduite par le capitaine, résolurent l'attaque du poste de Vatanata, renseignés sur la faiblesse relative de sa garnison. Le 2 décembre au matin, ils exécutèrent leurs projets. La garnison était sur ses gardes, l'attaque de vive force échoua. A cette heure le capitaine Quinque, à trois jours de marche de là, bataillait avec Befanhoa.

N'espérant pas enlever Vatanata de vive force, les indigènes l'entourèrent de retranchements et établirent un siège en règle.

La garnison s'était retirée dans le blockhaus où elle avait vivres et munitions pour quelques jours.

Le siège dura trente-six heures : Vatanata fut débloquée par le lieutenant Lesol, commandant un peloton de la 3ᵉ Compagnie du 2ᵉ Malgaches. Cet officier, au cours d'une reconnaissance, prévenu par le chef d'Ambongo de la situation de Vatanata, avait couru au secours de la place.

Le 4 décembre le lieutenant Lesol attaquait vigoureusement les rebelles, qui s'enfuirent, laissant quarante cadavres sur la place.

Après avoir complété la défense du poste, le lieutenant Lesol regagna Vangaindrano, emmenant le soldat Méric qui souffrait d'une entorse.

Le poste de Vatanata passait sous l'autorité du soldat Espinasse. On est étonné que le capitaine Quinque ait confié une autorité redoutable à des sous-ordre comme le soldat Espinasse, autorité dont ils usaient d'une manière aussi barbare que les insurgés.

Le 6 décembre, deux jours après la prise du commandement par Espinasse, le capitaine recevait la lettre suivante :

*« Le Soldat Espinasse, chef du poste de Vatanata
à Commandant district Midongy*

J'ai reçu hier seulement votre lettre N° 222, la peur des rebelles ayant empêché les bourjanes de l'apporter au poste plus tôt.

Avez-vous reçu lettre N° 2, envoyée hier 5 courant, vous informant que j'étais débloqué ? Chef Ratikitra qui était prisonnier au poste a cherché à se sauver hier matin, après avoir offert, sans succès, de l'argent aux miliciens et à la femme du garde de milice. L'ai tué d'un coup de revolver... »

Voici un indigène qui, sans jugement, sans autre raison qu'une tentative de corruption de ses gardiens, est tué par un soldat européen. Le capitaine qui a confié un poste à un homme d'une moralité si primitive, qui n'a répondu par aucune observation à l'aveu d'une exécution — véritable assassinat —, n'est-il pas par deux fois coupable?

****

A Soarano, il n'y avait jamais eu d'attaque véritable ; tout s'était borné à quelque effervescence.

Le 12 décembre l'adjudant Colomer, de Soarano, écrivait à son capitaine à Midongy : qu'il considérait, dès longtemps, Imatoanga comme « *un ennemi dangereux qui recommencerait (il venait d'abandonner Bafanhoa et de se soumettre) à faire soulever tous les siens, dès que l'occasion lui serait favorable: il y a urgence écrivait-il, à le mettre dans l'impossibilité de nuire ; malgré cela, je l'ai laissé libre, car son arrestation aurait donné l'éveil à 14 ou 15 indigènes aussi dangereux que lui, sinon plus, que je cherche à faire tomber dans un guépier et qui doivent être punis avec la plus extrême rigueur.* »

Ce chef redoutable que l'adjudant Colomer avait laissé *libre*, mourait brusquement le 17 décembre. L'adjudant fit part de ce décès au capitaine Quinque, par ce billet laconique :

« *J'ai l'honneur de vous rendre compte que le chef des Andréponarivos (Imatoanga) que j'avais d'abord consigné au village, sous la garde des partisans, et mis en prison au poste ensuite, est mort cet après-midi.*

Je l'avais muni d'une bonne cangue et je crois que c'est en tombant on en se laissant tomber du lit de camp que la secousse l'a tué ».

Imahatoanga avait été purement et simplement assassiné. La mort des prisonniers de marque est si fréquente aux colonies ! Ainsi devait périr Kotavy.

Cependant l'adjudant Colomer a voulu donner à la fin d'Imatohanga une justification posthume et un mois plus tard il écrivait : *que l'accusation de Bafanhoa contre Imatohanga se trouvait parfaitement juste.*

On voit ainsi se constituer le dossier dressé contre Imatohanga. En décembre, c'est un homme jugé dangereux ; en janvier, c'est lui qui a inspiré Bafanhoa. Convoqué à un kabary officiel, il s'y rend avec ses gens, mais c'est pour attaquer Soarano.

Raoleza et Lamanjaka (1) ont-ils prévenu réellement l'adjudant ? C'est douteux et leur dénonciation, étant donné leurs antécédents, était sujette à caution.

Invité à assister à un kabary, qui se tint pacifiquement, Imakatoanga n'avait commis aucun

(1) *En juin 1901, l'ex-reine bara Raoleza et son fils Lemanjaka, avaient réuni autour d'eux des chefs indigènes et semblaient vouloir prendre la direction d'un mouvement insurrectionnel. L'éveil leur fut donné; ils se virent menacés d'accusations dangereuses : ils prirent les devants, et dénoncèrent le chef Imatohanga, comme chef des conspirateurs.*

acte répréhensible. Les déclarations prêtées à
Befanhoa par un partisan, peut-être un des assassins d'Imatohanga, sont sans conséquence. Befanhoa, interrogé plus tard, n'a jamais rejeté sur qui
que ce soit la responsabilité d'un acte, qu'il représentait comme la vengeance de son fils tué par les
émissaires du capitaine Quinque.

Bien entendu, le capitaine s'en rapporta à la
réclamation de l'adjudant ; personne ne s'inquiéta
des circonstances ayant amené la mort d'Imatoanga,
chef des Andreponarivos.

*
* *

Que s'était-il passé au chef-lieu du district de
Vangaindrano, où s'était porté le capitaine Quinque à la nouvelle de l'assassinat de Vinay ?
Qu'avait fait M. de Juzancourt, le chef de district?
S'était-il rendu à Amparihy, comme, sur des bruits
non contrôlés, l'indiquait le capitaine Quinque,
dans l'ordre donné au lieutenant Baguet, de se
porter à la rencontre de l'administrateur ?

Dès le 18 novembre à 16 heures, M. de Juzancourt avait reçu du milicien Tsilava, venu d'Amparihy, la nouvelle de l'assassinat de Vinay ; Tsilava
était sans armes.

Une demi-heure après, un ordre de M. de Juzancourt prescrivait au garde régional Calandini, du
poste de Vatanata, de se porter le plus vite possible sur le village de Sahara, où il lui donnait
rendez-vous.

A 17 h. 30, M. de Juzancourt quittait Vangaindrano avec quatorze miliciens et poussait vers
Sahara.

Il arrivait sur la rive de la Vatanata, à proximité de Sahara, le 19 à 8 heures. Les bacs et pirogues destinés au passage de la rivière avaient disparu ; de nombreux indigènes se tenaient sur l'autre rive. L'interprète André entra en pourparlers avec l'un de ces indigènes ; il résulta de la conversation que le mouvement de rébellion avait pour cause l'élévation du taux de l'impôt.

Un milicien d'Amparihy, Soavy, porteur de son fusil et de nombreuses cartouches, apparut au milieu des rebelles, dont il traversa la foule sans être inquiété, et traversa la rivière. Il rendit compte de l'incendie du poste d'Amparihy, de la désertion des miliciens, sous les ordres de Kotavy. Comme Soavy manifesta le désir de repasser la rivière pour rejoindre sa femme, M. de Juzancourt l'y autorisa, après lui avoir fait rendre son fusil et ses cartouches. Soavy regagna l'autre rive; on ne le revit plus : il s'était joint aux fahavalos.

Vers 10 heures, ne voyant pas arriver M. Calandini, n'osant entreprendre la traversée de la Vatanata, M. de Juzancourt se replie vers le nord, avec ses quatorze fusils, sur le village d'Itavo, puis trouvant le terrain trop encaissé, trop boisé, sans sécurité, il rétrograde sur Betarza, où il se retranche dans la case des passagers. Dans la nuit du 19 au 20, M. de Juzancourt se dit attaqué par une bande de révoltés qui le suivaient depuis Vatanata. Il les aurait repoussés, — a-t-il affirmé — en en tuant plusieurs.

A 3 h. 30, le 20 novembre, M. de Juzancourt partait de Betarza et rentrait à Vangaindrano avec l'intention, disait-il, d'y prendre des cartouches et de partir ensuite pour le poste de Vatanata qu'il pensait assiégé. Il arriva le soir, à 18 heures, à Vangaindrano sans avoir été inquiété.

Là, il apprit l'assassinat de Choppy. Une attaque des rebelles lui semble alors probable pour la nuit ; il réunit tous les Européens présents, s'enferme avec eux dans le réduit et réquisitionne huit tirailleurs de passage qui se rendaient à Midongy.

Aucune attaque ne se produisit. Le lendemain 21 novembre, le garde de milice Calandini, chef du poste de Vatanata, arrive de Sahara, lieu du rendez-vous fixé par M. de Juzancourt, qui ne s'y était pas rendu. Avec huit agents seulement, M. Calandini avait tenu tête, sans peine, aux rebelles de Sahara.

M. de Juzancourt demande des renforts à Midongy, prescrit au chef de poste de Tsilokariva de lui envoyer huit hommes prélevés sur sa garnison. Vangaindrano n'est toujours pas attaqué. Les jours suivants, arrivent les renforts : le 22 novembre, 24 miliciens et un soldat d'Infanterie coloniale avec le garde principal Léger ; le 25, le capitaine Quinque avec ses trente tirailleurs, le 25 également, le lieutenant Cautelier, de Vondrozo, avec dix-huit tirailleurs. Vangaindrano, qui ne fut jamais attaqué, était sauvé !

M. de Juzancourt n'avait pas su arrêter mieux la rébellion qu'il ne l'avait prévenue par son administration. Sans énergie, il n'osa ni se diriger sur Amparihy, d'où partait la révolte, ni passer la Vatanata à Sahara.

Avec huit hommes, sans subir de perte, le garde de milice Calandini vint au rendez-vous de Sahara, que M. de Juzancourt, avec quinze fusils, n'osa pas aborder. L'administrateur se laissa berner par le milicien Soavy, battit en retraite effrayé et regagna Vangaindrano, qui n'était point menacé.

Dès la nouvelle de l'assassinat de Vinay, il ne songea qu'à demander des renforts de toutes parts et contribua par ses dépêches alarmantes à déterminer la marche inutile du capitaine Quinque sur Vangaindrano.

Si le capitaine Quinque, si M. de Juzancourt avaient marché, dès le premier moment, sur Amparihy, même après le désastre subi par la colonne Baguet, l'insurrection eut été étouffée, tout au moins dans le sud-est de la province de Farafangana.

Par son manque de surveillance sur son subordonné Vinay, M. de Juzancourt avait une responsabilité certaine dans les causes de la révolte ; il ne prit aucune mesure utile pour l'arrêter. Ses actes furent jugés assez sévèrement pour que son remplacement à la tête du district de Vangaindrano ait été décidé dès le 30 novembre.

La mission de diriger les opérations, confiée au capitaine Quinque prenait fin avec sa rentrée à Midongy le 8 décembre: le chef de bataillon Vache était chargé du commandement des troupes opérant dans la province de Farafangana.

CHAPITRE II

Les opérations militaires dans le cercle de Fort-Dauphin. — Les hésitations du commandant Leblanc. — L'inquiétude à Tananarive. — La levée du siège de Manantenina. — Le siège (!) de Fort-Dauphin. — Les renforts. — La colonne Grammont. — Destruction du détachement Casalonga.

Nous avons suivi les progrès de la rébellion dans cette province de Fort-Dauphin, dont la situation avait, plus que celle de Farafangana, préoccupé le gouvernement général de Tananarive. Dès les premiers moments de l'insurrection, les communications par terre avec Fort-Dauphin avaient été interrompues ; sur les routes les rebelles ne laissaient plus circuler les *tsimandoo* (1) ; la ligne télégraphique avait été coupée. La voie maritime reliant Fort-Dauphin au nord de Madagascar, par la côte est, avec les escales de Farafangana, Mananjary, Vatomandry, Tamatave, Vohemar, Diego-Suarez, n'était desservie qu'une fois par mois par le bateau *Pernambuco*, des Messageries Maritimes. Un cyclone survenu les 15 et 16 décembre avait retardé de plusieurs jours, à Diego-Suarez, le départ du *Pernambuco* : et c'est à son retour seulement que ce navire pouvait rapporter des nouvelles de Fort-Dauphin.

Un bateau de guerre, vieux sabot, stationnaire

(1) *Tsimandoo, porteur de dépêches.*

à Diego, se trouvait hors d'état de prendre la mer, d'aller dans le sud, de transporter des renforts et chercher des nouvelles.

L'anxiété était d'autant plus grande à Tananarive que la confiance dans le chef de la province de Fort-Dauphin n'était pas sans restrictions.

Le commandant Leblanc, de l'Infanterie coloniale, était un obèse, sans activité physique, se déplaçant d'autant plus rarement et difficilement que les bourjanes succombaient sous le poids d'un filanjana chargé de 120 kilogs. Cette pesanteur physique retentissait sur l'activité de l'esprit.

Dès le 12 décembre, le gouvernement général télégraphiait au commandant Vache : « *Situation très mauvaise est cercle Fort-Dauphin, y envoie par prochain* Pernambuco *deux compagnies sénégalaises. En attendant leur arrivée, nécessaire que puissiez plus rapidement possible porter vos forces vers Fort-Dauphin, pour éviter extension mouvement insurrectionnel.* »

Le 16 décembre, ordre encore plus pressant : « *Sans nouvelles de Fort-Dauphin depuis 10 décembre, date à laquelle ce poste était très menacé ; vous invite donc à envoyer, à marches forcées, partie imposante de vos forces directement sur Fort-Dauphin par voie plus courte pour éviter désastre : par exemple une compagnie sénégalaise avec approvisionnements suffisants vivres pour gagner Manantenina. Ce détachement devra continuer jusqu'à ce qu'il ait nouvelles certaines Fort-Dauphin en sécurité, soit par arrivée renforts, soit pour autre cause. Intérêt majeur envoi ce détachement même quand devriez négliger pendant son absence groupements rebelles plus au sud. Accuser réception et rendre compte.* »

Que s'était-il donc passé à Fort-Dauphin, qui put représenter au gouvernement général la situation comme si critique ?

Le commandant Leblanc avait, cantonnées dans son cercle, six compagnies comptant six cent soixante-treize hommes, commandés par vingt officiers français et trente sous-officiers et caporaux, soit environ sept cents fusils modèle 1886.

C'était là une force importante, largement suffisante pour faire face aux bandes révoltées, armées de rares fusils 86, de vingt ou trente armes de type 74, et de fusils à pierres ; bandes sans cohésion, sans discipline, mal ou même non commandées.

Mais le commandant de Fort-Dauphin avait commis la faute grave de disséminer ses forces entre vingt-cinq postes, dont certains étaient garnis de neuf, huit, six, cinq et même quatre tirailleurs. A Fort-Dauphin, chef-lieu du cercle, siège du commandement militaire, d'où, en cas de nécessité, devaient partir les renforts destinés aux postes menacés, le commandant Leblanc n'avait gardé que quarante-quatre hommes. Encore, au point de vue effectif militaire utile, fallait-il défalquer de ce chiffre, au moins comme non utilisables rapidement, tous les comptables, tous les employés.

D'autre part, ainsi que nous l'avons déjà constaté à Ranomafana, les postes n'étaient pas tous en état de défense : pas de parapet, pas de fossé, pas de palissade, pas de réduit central, des munitions en quantité insuffisante. Dès le début des événements, le commandant Leblanc ne prit pas les mesures efficaces. Il négligea de porter à la connaissance de tous les postes les événements d'Amparihy ; ainsi, nous l'avons vu, à Esira, le sergent Pietri ignorait ce que savaient tous les indigènes autour de lui. Ranomafana ne reçut pas les munitions demandées.

La première mesure de défense prise par le commandant Leblanc, fut l'envoi au secours d'Amparihy du lieutenant Barbassat, à la tête d'un peloton de tirailleurs, de Bahara. De même que de Midongy le capitaine Quinque avait de prime-saut, sans connaissance de la situation, envoyé Baguet sur Amparihy, le commandant Leblanc expédia le lieutenant Barbassat vers le nord.

La mission imposée au lieutenant Barbassat était moins justifiée que celle prescrite au lieutenant Baguet. Baguet commandait à Bafotaka depuis près de deux ans, le lieutenant Barbassat venait d'arriver, pour la première fois, à Madagascar.

On sait comment cet officier se heurta à un ennemi très supérieur en nombre, et dut se laisser assiéger dans Manantenina, après la mort de M. Hartmann, avec 30 tirailleurs environ.

Le 26 novembre, le commandant Leblanc, voulant renforcer la garnison de Manantenina de quelques sénégalais, prescrivait au capitaine Duchan, à Ambovombe, de diriger sur Manantenina un sergent européen Casolonga, un gradé et huit tirailleurs sénégalais.

Jeter dans la masse indigène révoltée une faible troupe armée de dix fusils, lui imposer d'Ambovombe à Manantenina une marche de 145 kilomètres, c'était défier le destin. La marche de la petite colonne de Casalonga fut un martyre, terminé par un désastre. Harcelée par des bandes sans cesse renaissantes, la troupe allait de position en position, faisant le coup de feu, ou s'ouvrant un passage à la baïonnette.

Après cinq jours de luttes incessantes, Casalonga arriva à Ampasimena, où se dressaient les bâtiments d'une mission dont les habitants avait fui devant la révolte. Casalonga s'enferma dans l'Eglise avec ce qui lui restait de tirailleurs, et s'y défendit pendant quarante-huit heures. De nouveaux vides s'étaient produits dans sa petite troupe, les vivres manquaient, il résolut de sortir et s'engagea, pensant gagner Manantenina, dans la vallée du Mandreré. L'un après l'autre, les tirailleurs furent tués par les révoltés au milieu desquels ils étaient submergés. Casalonga tomba à son tour : de la colonne pas un tirailleur n'échappa à la mort.

Le commandant Leblanc prétendit avoir envoyé à Pietri l'ordre d'évacuer Esira et de rallier Ranamafana : cet ordre ne parvint pas à destination.

Au-devant de Mlle B... et du R. P. Coindart étaient allés quelques hommes, dirigés par l'administrateur Pouperon et le capitaine Grammont. Les échappés de Ranomafana une fois arrivés, ce dernier officier fut mis à la tête d'un détachement comprenant un sergent européen (Babin), quatre soldats européens et quinze tirailleurs malgaches, et dirigé vers Ranomafana et Manantenina.

Le détachement se heurta à des bandes d'insurgés venus du Nord, trouva toutes les routes coupées, les ponts détruits, les rivières, grossies par les pluies, infranchissables ; le commandant Leblanc envoya à ce détachement l'ordre de rentrer à Fort-Dauphin.

Renonçant à secourir Manantenina par la voie de terre, le commandant Leblanc embarqua à Fort-Dauphin, sur une goëlette, des vivres, des munitions, et un sergent européen (Maurière), à la tête

de quatre soldats européens, de dix tirailleurs sénégalais appelés de Tsiombe, ainsi que le médecin
aide-major Lescure. La goëlette, soulevée par une
mer démontée, repoussée par des vents contraires,
dut rentrer à Fort-Dauphin sans avoir pu atteindre
le but de son voyage.

Le 15 décembre, départ d'une deuxième goëlette. Celle-ci atteignit Manantenina le lendemain,
dans les conditions relatées par la dépêche suivante, émanant du lieutenant Barbassat assiégé
dans le poste.

« *Goëlette* Ninette *arrivée 16 décembre par mer
complètement démontée ; est venue s'échouer à
l'entrée rivière après s'être fortement endommagée
sur les récifs. Equipage et détachements européens
et sénégalais ont pu se sauver avec armes et munitions. La plus grande partie du ravitaillement est
perdue dans les eaux et entre autres tout l'approvisionnement de riz pour trente jours, mais farine
et pas mal de conserves sauvées ainsi que neuf
caisses de munitions rentrées au poste. Ai encore
approvisionnement de riz pour quatorze jours
environ. Je fais couper autour du poste quelques
rizières mûres, mais je crains que les pluies conti-
nuelles ne détériorent le paddy récolté faute de
séchage* ».

Le 10 décembre, Manantenina assiégé avait été
attaqué par une bande nombreuse d'insurgés.
L'attaque avait été repoussée : l'ennemi laissait
sur place sept morts, un fusil 74, soixante-dix
sagaies, autant d'angadys (1) et soixante cartouches 74. Le combat avait duré de 4 h. 30 à 8 h. 30 :
les assaillants avaient brûlé cinq cents cartouches,
dont les étuis furent recueillis sur le terrain.

(1) *Sorte de bêche.*

Les défenseurs de Manantenina avaient eu deux tués : le tirailleur sénégalais Gabira-Conati et l'agent de police Faralahy. Un autre tirailleur, Taomba, avait reçu une blessure sans gravité.

Le commandant Leblanc, au 26 décembre, paraissait quelque peu affolé. Il écrivait au gouvernement général : « *Je n'ai aucune communication avec le poste de Manantenina; les routes sont bien gardées, les courriers ne passent que très difficilement. J'ai signalé la situation critique de Manantenina au commandant Vache de Farafangana. J'ai essayé de lui faire parvenir un télégramme par Behara, mais la ligne télégraphique ayant été détruite entre Fort-Dauphin et ce poste, je l'ai expédié par une barque dirigée sur Farafangana. Cette embarcation n'est pas arrivée à destination. Manantenina a actuellement une garnison de soixante fusils et quatorze jours de vivres. Je vais chercher à le ravitailler par tous les moyens possibles, en attendant les secours d'une colonne, etc... ...Mahaly évacué par sa garnison a été brûlé par les rebelles ; Behara est entouré de rôdeurs, qui menacent le poste. Ampasipolaka est dans la même situation. Les derniers renseignements me font connaître que Ranomainty est passablement agité* ».

Sans que Fort-Dauphin ait été attaqué, la population de la ville remuait. Des rassemblements indigènes circulaient dans les environs, hurlant, brandissant des sagaies. L'indiscipline se manifestait dans la ville même où le commandant Leblanc n'avait pas su acquérir d'autorité ; des vols nombreux, l'incendie d'une maison faisaient sentir la rébellion latente.

Le commandant Leblanc entassa dans le vieux rowa construit par de Flacourt au XVIIIe siècle, —

véritable forteresse aux murs cyclopéens —, toute la population blanche ou créole et la garnison. Une soixantaine de femmes furent cantonnées dans un vieux magasin, pêle-mêle, religieuses et diaconesses des missions, femmes blanches d'administrateurs, d'officiers et sous-officiers, Réunionnaises et Mauriciennes plus ou moins teintées.

Et jamais Fort-Dauphin ne fut attaqué. Le 17 décembre le capitaine Grammont, le 19, le lieutenant Verrier dirigèrent des reconnaissances qui ne rencontrèrent aucun ennemi, n'eurent pas à employer leurs armes. Les rebelles, véritablement bien peu terribles, élargirent le cercle autour de la place, puis se retirèrent, soit vers Soanirana et Manambaro qu'ils achevèrent de piller, soit dans la vallée du Fanjahira, où dominait le chef Rabefanakika.

Fort-Dauphin passait toujours pour assiégé...

Sans avoir une connaissance exacte de cette situation, mais alarmé, autant par les premiers télégrammes venus de Fort-Dauphin que par une intuition de ce qui pouvait se passer dans un territoire sous les ordres du commandant Leblanc, le gouvernement général avait adressé au commandant Vache, de Farafangana, l'ordre rapporté plus haut, de voler au secours de Manantenina et au besoin de Fort-Dauphin.

Un détachement commandé par le capitaine Fleuriot de Langle, qui était parti vers le sud par Midongy, recevait l'ordre de se porter le plus rapidement possible sur Fort-Dauphin.

Le 21 décembre, ce détachement s'engageait violemment avec un fort rassemblement d'insurgés. Ils avaient été chassés d'Anosivé par le commandant Vache et étaient remontés vers le nord.

Trente insurgés, dont 9 vêtus en miliciens, restèrent sur le terrain. Du côté français, un caporal et un tirailleur furent blessés.

A ce moment le capitaine Fleuriot de l'Angle reçut du commandant Leblanc, de Fort-Dauphin, des renseignements lui annonçant que Casalonga était assiégé dans l'Eglise d'Ampasimena. Il s'y rendit en hâte, mais il n'y trouva que les ruines de la mission et de l'Eglise ; Casalonga et sa troupe étaient allés se faire exterminer plus loin.

Fleuriot de Langle entra à Manantenina le 24 décembre, où il trouva « *empilés dans le poste, comme sardines dans leur boîte, blancs, jaunes, noirs, tous sous le même toit* »..

Désormais la situation allait s'améliorer rapidement.

Le 20 décembre arrivait à Fort-Dauphin le paquebot *Corsica*, venant de Majunga et amenant deux compagnies sénégalaises comptant ensemble trois cent treize hommes. Le jour suivant, le matériel était débarqué et, la sécurité revenue, les réfugiés du rowa évacués. Les différents services reprenaient place dans leurs locaux habituels. Des détachements étaient formés, une colonne volante constituée (capitaine Grammont). Cette colonne comprenait l'effectif destiné à reconstituer le poste de Ranomafana, deux sous-officiers européens, quarante tirailleurs sous les ordres du lieutenant Garenne et une compagnie sénégalaise comptant cent soixante-huit tirailleurs, plus vingt et un tirailleurs malgaches commandés par le capitaine Gressard, les lieutenants Lefranc et Bournique. Soixante-cinq Sénégalais commandés par le lieutenant Lemoigne étaient maintenus à Fort-Dauphin, où ils assureraient la sécurité du chef-lieu et de ses environs, en opérant dans un rayon restreint. Cette troupe était une réserve susceptible, si le besoin s'en présentait, de renforcer d'autres groupements.

Enfin le capitaine Jenot, emmenant les comptables, les employés, était dirigé sur Behara avec cinquante tirailleurs sénégalais et cinq malgaches. Ce détachement mettrait Behara et Ampasipolaka à l'abri des insultes des insurgés.

D'autre part, le commandant de Tsiombé, capitaine Gremillet, avait reçu de la région Mahafaly un renfort de quarante Sénégalais avec lesquels il patrouillait dans l'Ouest du cercle.

Le capitaine Grammont devait marcher sur Ranomafana, Manantenina, Amparihy, pacifier la région, rétablir le poste de Ranomafana où la fraction Garenne tiendrait garnison.

Une goëlette, remorquée par le paquebot *Pernambuco*, arriva le 26 à Fort-Dauphin, amenant le capitaine Vacher (dont la destination était Tsivory), le sous-lieutenant Boulay, quatre sergents d'infanterie coloniale, une pièce de canon. La goëlette reprit la mer le 25, emportant soixante jours de vivres, pour le ravitaillemeent de la colonne volante, et des instructions pour le capitaine Fleuriot de l'Angle. Après avoir visité Ampasimena, ce dernier devait attendre la colonne Grammont.

La colonne volante fut divisée en deux détachements. Le premier détachement comprenait le 1er peloton de la 12e compagnie sénégalaise (lieutenant Lefranc) auquel furent joints quarante-trois fusils de la 6e compagnie malgache. Il marchait sous les ordres directs du capitaine Grammont, et comptait cent vingt fusils avec un convoi de soixante porteurs. Il partit de Fort-Dauphin le 23 décembre à 9 heures du matin.

Un deuxième détachement, (capitaine Gressard) fut constitué par le 2e peloton de la 12e compagnie sénégalaise et vingt-trois tirailleurs de la 6e. Il quitta Fort-Dauphin le 24 décembre à 14 h. 30 : cent cinq fusils, cent douze porteurs.

L'ensemble de ces deux troupes, sous le commandement du capitaine Grammont, formait la « *colonne volante de Manantenina* ». L'objectif était le dégagement de Manantenina, et du lieutenant Barbassat assiégé.

Ainsi, la troupe Grammont, divisée en ces deux groupes, remonte les deux rives de la Fanjahira, grossie par les pluies. Le passage fut difficile pour le détachement ayant suivi la rive gauche. Au soir, les deux groupes se réunissent à Ifosantsa, après avoir vu quelques rebelles, qui prennent la fuite sitôt aperçus et dont deux sont tués.

Le 24 et 25 décembre, les troupes souffrent de la pluie torrentielle, traversent avec difficultés les cours d'eau débordés, les régions inondées. De loin en loin on aperçoit des troupes d'indigènes, qui fuient devant la colonne, poussant leurs bœufs vers les hauteurs boisées. On fait un prisonnier, on prend quelques bœufs, les feux de salve laissent cinq ou six indigènes sur le terrain.

Le 26, au col de Magasoha, la troupe rencontre une certaine résistance. Le chef Rabefanatrica occupe une pente du col : un sergent européen et deux tirailleurs sont blessés par des sagaies et les quartiers de roche qui roulent des sommets occupés par les indigènes. Des balles de fusils Lebel et Gras, tirées sur la troupe française, n'atteignent personne : les fahavalos s'enfuient en abandonnant trois cadavres.

Le lendemain la colonne, au passage du Montyfily, est attaquée par un groupe d'insurgés. Quelques feux de salve les mettent en fuite ; ils laissent sur place six tués et trois blessés.

Le 28 décembre, le détachement Grammont arrivait à Ranomafana, sur l'emplacement du poste détruit. Le 29, il était rejoint par le groupe du capitaine Gressard.

Du 1ᵉʳ au 29 janvier la colonne Grammont poussa de nombreuses reconnaissances autour de Renomafana ; elle reconstruisait le poste. Le 29 janvier, le capitaine Grammont se porta sur Tantsara, où était signalés quelques rebelles. Il y trouva une reconnaissance partie de Fort-Dauphin, commandée par le lieutenant Verrier. Cet officier avait, la veille, surpris dans la forêt voisine un fort campement de rebelles. Sans subir aucune perte, la reconnaissance Verrier avait tué douze fahavalos : les survivants s'étaient dispersés.

Le 4 janvier, pendant que le gros de la troupe reconstruisait le blockhaus de Ranomafana, vingt tirailleurs, sous les ordres du sergent Pontramont, escortaient dans la forêt une centaine de bourjanes, chargés de récolter des bois de construction. Tout à coup Pontramont fut attaqué par plus de deux cents insurgés ; sa petite troupe engagea une lutte corps à corps, pendant que les bourjanes s'enfuyaient en désordre. Le lieutenant Lefranc sortit du poste au bruit de la fusillade avec trente soldats, dégagea Pontramont ; les fahavalos s'enfuirent laissant onze cadavres et six prisonniers. Les Français eurent un seul blessé, d'un coup de sagaie reçu à la main. Il fallut disperser des renforts amenés aux insurgés par Mahavelo, les poursuivre par des feux de salve tirés de cent mètres en cent mètres. L'engagement dura de 10 h. 30 à 14 heures ; les rebelles avaient eu trente-deux morts.

De nombreuses soumissions furent reçues pendant le mois de janvier. Toutefois, les chefs des rebelles du Manambolo, du Mandrare, ceux qui avaient déterminé la révolte des gens de Ranomafana, de Manantenina, d'Esira, n'avaient pas désarmé. Mahavelo, l'âme des premiers mouvements insurrectionnels, Reheva, chef d'Antoloka, armurier des révoltés, Rainhina, Lehimbala, Andrianjoany, étaient campés à Vohimasy à la tête d'une troupe nombreuse, dans une position élevée et fortifiée. Ils possédaient dix fusils à tir rapide et une trentaine de fusils à pierre.

Un émissaire, ami de Reheva et Rainhina, entra en pourparlers avec les insurgés; ils répondirent : « Nous ne voulons pas payer l'impôt, ni faire de corvées, ni travailler sur les routes. Nous méprisons les Français et sommes plus forts qu'eux ».

Le capitaine Grammont se décida à attaquer le repaire de Vohimasy. Une première colonne, commandée par le lieutenant Lefranc, se heurta, le 14 février au matin, à une position extrêmement forte. Les rebelles étaient retranchés sur un mamelon rocheux, auquel on n'accédait que par une étroite crête. L'accès de la plateforme occupée par les insurgés était défendu par un large fossé et une solide palissade. De 5 heures du matin à 16 heures, le lieutenant Lefranc tâta successivement tous les abords du repaire, sans pouvoir trouver le moyen d'y pénétrer. Blessé dès le début de l'action, avec un courage, une ténacité admirables, il maintint sa troupe aux abords du mamelon, se cramponna au terrain, sous un feu violent dès qu'un tirailleur se montrait, jusqu'au moment où, avec le capitaine Grammont, arriva une colonne de secours : cinquante tirailleurs, dix partisans suivis d'un convoi de vivres et de munitions.

L'adjudant Pouxviel réussit à pénétrer dans le repaire, dont les occupants s'enfuirent à la vue de nouveaux assaillants. Il était 6 heures du soir. Le lendemain les défenses furent détruites, soixante bœufs furent pris dans le campement rebelle, ainsi qu'un fusil 74, des cartouches, des vivres — notamment du riz, des outils de forgeron et deux vieilles femmes. Nous avions eu un tirailleur tué, un autre blessé grièvement. Les insurgés avaient perdu des tués, parmi lesquels le fils de Reheva, et dix à quinze blessés, entre autres les chefs Rainhina et Tsiranoha.

Le 16 janvier, le capitaine Grammont quittait le poste de Ranomafana reconstitué et y laissait un adjudant à la tête de quarante-cinq tirailleurs; il projetait de rejoindre le commandant Vache vers Amdriambe, où de nombreux fahavalos étaient, croyait-on, rassemblés.

Le 21 janvier, le capitaine Grammont opérait sa jonction, à Amdriambé, avec le commandant Vache. Sur la route, il n'avait trouvé aucune résistance et reçu de nombreuses soumissions de villages de la région insurgée. La marche avait été laborieuse, pénible, retardée par la pluie incessante et la traversée difficile des rivières. Un coup de fusil unique avait été tiré sur la troupe à Ampasimena. D'Amdriambé la colonne Grammont se dirigea sur Manantenina où elle arriva le 22 janvier et séjourna jusqu'au 29. Le 27 une

reconnaissance se porta sur Ampasimena et Tavitsora, où les émissaires signalaient une concentration des rebelles. Mais à Tavitsora aucun rebelle
ne fut rencontré. Une reconnaissance rapporta que
Mahavelo, chassé de Vohimasy, avait rassemblé
ses partisans à l'est de cette position. Il y fut
attaqué le 18 février par l'adjudant Pouxviel, à la
tête de quarante-cinq tirailleurs. A 12 h. 30, le
campement de Mahavelo est surpris ; les occupants s'enfuient après avoir tiré une dizaine de
coups de fusil, abandonnent cinq cadavres, dont
celui du chef Rehaivo, et cinq prisonniers, dix
femmes, onze enfants, deux fusils, des sagaies, une
grande quantité de riz en paille.

Les jours suivants de nombreux indigènes viennent faire leur soumission à Ranomafana, resti-
tuent des objets pillés et quarante-cinq bœufs pris
à la concession l'Emeraude.

Le 24 février une section traverse le Mandraré
et va dans la vallée de Revara recueillir les squelettes de Casalonga et de ses tirailleurs. Quatre
squelettes de tirailleurs et celui du sergent sont
retrouvés dans une fissure de rocher ; trois autres
gisent sur un petit mamelon à l'ouest : ce sont
ceux des derniers survivants. Casalonga, dans sa
marche jusqu'à Ankazoaka, point où il trouva la
mort, avait donc perdu un seul de ses tirailleurs.

Les soumissions se précipitent. Dans la région
ne demeurait insurgé qu'un groupe d'indigènes
entre Ranomafana et Esira, celui au sein duquel
avait débuté l'insurrection, à l'appel de Mahavelo
et Resohiry.

Le capitaine Grammont établit un poste sur un
mamelon à l'ouest de Tsifahira, afin de surveiller
le Mandraré supérieur. Ce poste, à la limite de la

forêt, était entouré de rebelles agressifs. Mahavelo fit annoncer sa décision d'attaquer. Le 2 mars, à minuit, il exécuta sa menace ; une vive fusillade fut dirigée sur le poste. Le lieutenant Lefranc y répondit par des feux de salve et vingt minutes après, l'attaque cessa. Mais à 15 heures, nouvelle alerte. Une balle blesse grièvement à l'épaule une sentinelle. On riposte. L'ennemi se retire.

Esira est occupé par le capitaine Bieau, qui reçoit les soumissions des gens de Fiela. Les opérations militaires dans ce secteur sont terminées le 10 mars.

Le chef Regaki, chassé de Fort-Dauphin, s'est établi, suivi par un millier d'indigènes, au confluent de la Mandratsara et de l'Isoanala.

Il fut décidé qu'avant d'essayer de disperser ce dernier rassemblement, on reconnaîtrait son importance et sa position. Des reconnaissances devaient partir à cet effet de Betroky et de Benenitra. En effet, le 12 mars 1905, deux reconnaissances étaient sorties du poste de Benenitra pour visiter la vallée de l'Hazofotsy.

Ces deux reconnaissances se rejoignirent au village d'Ikoloky, abandonné par ses habitants ; elles remontèrent la rive gauche de l'Hazofotsy et se heurtèrent à des rebelles retranchés derrière des rochers. Le soldat Clauss fut tué en tête de l'avant-garde ; le tirailleur Rapapaha, voulant enlever le corps de Clauss fut blessé : le sergent Mornet, quittant le gros de la reconnaissance, s'avance alors pour emporter le cadavre de Clauss; il est blessé mortellement. Ces morts rendent les tirailleurs hésitants : le sergent Zuber, qui a pris le commandement, rétrograde, ramène la troupe à Isoanala-Ambany. Il a abandonné le corps de

Clauss, deux mousquetons, cinquante cartouches.

Zuber ne rencontra pas, en raison de la rapidité de sa retraite, la reconnaissance partie de Betroky.

CHAPITRE III

Le commandant Vache prend le commandement de la province de Farafangana. — Nossi-Bé et les assassins de Ratovo. — Défaite de Befanhoa par les troupes du commandant Vache et du capitaine Maritz. — Attaque du repaire d'Iabomary occupé par Kotavy. — Kotavy au repaire de Papanga. — Prise de Kotavy. — Sa mort mystérieuse.

L'émoi causé à Tananarive par la situation de Port-Dauphin, émoi dont les dépêches notées au chapitre précédent étaient l'expression, eut pour conséquence que le chef de bataillon Vache dut, au début de son commandement, s'occuper de secourir Fort-Dauphin, tout en opérant dans la province de Farafangana.

Le 12 décembre, laissant comme réserve à Vondrozo et Farafangana une compagnie de la Légion, le commandant Vache divisa à Vangaindrano sa troupe en deux détachements.

Une compagnie sénégalaise (capitaine Bourgeron) descendrait au sud en suivant la côte; une autre (capitaine Fleuriot de l'Angle) se dirigerait par Midongy sur Manantenina et Ranomafana, au secours du cercle de Fort-Dauphin. Le commandant Vache, à la tête du groupe Bourgeron, se dirigea sur le groupement de rebelles que nous avons vu assassiner l'instituteur Ratovo puis se fortifier dans l'île de Nossi-Vé et le village de Nosamby.

Le groupe rebelle cantonné à Nossi-Vé, se composait des assassins de Choppy, de ceux de Ratovo, et de quelques-uns des miliciens déserteurs d'Amparihy, peut-être guidés par Kotavy.

Des émissaires, chargés de proposer la soumission aux rebelles, ayant été reçus à coups de fusils, il fallut employer la force. Le 13 décembre, le village de Nosomby, fortifié, fut enlevé par le capitaine Bourgeron et ses défenseurs dispersés. Pendant ce temps, une fraction de la compagnie sénégalaise descendait la rive droite de la Masianaka, afin d'atteindre les fahavalos campés dans l'île de Nossi-Vé.

Le 14, dans la matinée, les villages de l'île se hérissèrent de drapeaux blancs, demandant à parlementer. Le commandant Vache entama la conversation ; les rebelles la traînèrent en longueur ; puis armés d'une trentaine de fusils 1886, sous les ordres, pense-t-on, de Kotavy, ils ouvrirent un feu violent sur le détachement campé de l'autre côté de la rivière.

Au cours de cet engagement un sergent européen (Juillet) fut blessé, un caporal sénégalais tué, quatre tirailleurs blessés. Les rebelles, ayant perdu plusieurs des leurs, évacuèrent l'île, où les Français pénétrèrent le 15 au matin.

Après avoir enlevé Nossi-Vé, la colonne Bourgeron se porta sur Vatanata, puis sur Isahara où étaient signalés des rassemblements hostiles ; elle ne trouva aucune résistance et le capitaine Bourgeron s'établit à Vangaindrano, chef-lieu du district dont le commandement lui avait été confié.

Le 29 janvier au matin, une colonne commandée par le commandant Vache en personne, suivi d'une pièce d'artillerie, accompagné des Sénégalais du capitaine Bourgeron et de miliciens sous les ordres du garde de milice Huet, de la compagnie malgache du capitaine Quinque, des miliciens du lieutenant Lacourière, bombardait et enlevait le réduit de Béfanhoa, après un assaut donné par les miliciens de Huet.

Le lendemain la colonne se portait sur le pic Jomondahi, où s'étaient réfugiés les rebelles ; elle y mettait les occupants en fuite et récoltait un millier de bœufs abandonnés.

Les pertes des vainqueurs étaient légères : un milicien tué, deux sénégalais et un partisan blessés.

Béfanhoa se retira par le sud, dans la forêt, où l'attendait la compagnie sénégalaise du capitaine Maritz. C'est ce dernier qui, le 20 février et jusqu'au milieu de mars, culbuta les hommes de Befanhoa et les poursuivit sans répit.

Kotavy prit-il part à l'affaire de Nossi-Vé? On ne sait, et pendant la fin de décembre 1904 et janvier 1905, ses traces furent perdues; à cette époque l'activité de la répression fut dirigée contre Befanhoa et se porta au nord de la province de Farafangana.

De son côté, Kotavy avait vu, vers le mois de mars, sa troupe se grossir de quelques unités. Des rebelles, chassés de Fort-Dauphin par la progression des troupes, s'étaient infiltrés dans les provinces voisines. Nous avons vu Regaki pénétrer dans la région de Betroky, par l'Isoanala. D'autres, de même origine, soulevaient, dans le sud du district de Midongy, la tribu Talalafitsy et provoquaient l'assassinat de deux partisans envoyés pour les ramener à la soumission. En fait, la tribu, ou plutôt les auteurs de l'assassinat, qui en faisaient partie, se joignirent à Kotavy, récemment installé dans les anfractuosités rocheuses, appelées *repaire de Iabomary*.

Le 11 mars un détachement venu de Betroka les attaqua sans succès ; le caporal Wirth fut tué dans cette action. Le repaire d'Iabomary devint, par la renommée, une nouvelle Ilion. Sur lui se dirigèrent toutes les forces du commandant Vache. Avec Kotavy se trouvait Rabehary qui, à Amparihy, avait été un des plus ardents promoteurs de la révolte des indigènes et de la défection des miliciens.

Le 14 avril, dans la soirée, le commandant Vache arriva à proximité du repaire de Iabomary, occupé par la bande des fidèles de Kotavy. Le repaire était établi dans un amas de rochers, qui formaient une falaise abrupte perpendiculaire à la rive gauche de l'Ionaivo.

En face de la falaise, une assez grande étendue de terrain découvert permettait aux défenseurs du repaire un tir efficace. Sur la rive droite de l'Ionaivo s'érigeait une ligne de mamelons, de même altitude que la falaise, mais d'une direction parallèle au fleuve.

Le commandant Vache, le 15 au matin, prit ses dispositions d'attaque : son artillerie, composée d'une pièce de 85 de montagne, tirant de la rive droite de la rivière, fut chargée de démolir les rochers au milieu desquels se tenait la troupe de Kotavy. Une section d'infanterie s'établit sur le sommet de la falaise de la rive gauche. Sa mission consistait à arrêter la retraite des insurgés, quand délogés de leurs grottes, ils tenteraient de fuir par le haut des rochers. Enfin une section de Sénégalais, commandée par le lieutenant Janvier de Lamotte, prenait position sur la rive gauche de l'Ionaivo, face au repaire, prête à lui donner l'assaut au moment propice.

L'action commença par un feu d'artillerie, dont d'emblée d'inefficacité, à prévoir, se manifesta complète. Le 85 de montagne, aux projectiles sans puissance, ne pouvait produire que quelques éclats de pierre, mais il était absolument incapable de tailler dans la falaise un vide de quelque importance, d'autant que la trajectoire était parallèle et non perpendiculaire ou fortement oblique au but. Après quelques coups dont l'inutilité était patente, l'artillerie se tut.

Pendant ce temps, la compagnie chargée de la rive gauche de l'Ionaivo, s'était avancée sur le sommet de la falaise. Le repaire naturel abritant la troupe de Kotavy était creusé sous elle. Il apparut alors que le sommet de la falaise était en surplomb, que l'ennemi se tenait en retrait, et que de ce côté il échappait totalement au feu des tirailleurs.

Aussi le commandant Vache donna-t-il l'ordre au peloton sénégalais de Janvier de la Motte, d'attaquer de front. Les Sénégalais s'avancèrent bravement, le lieutenant en tête. Une décharge les arrêta net. Kotavy avait visé et tué d'une balle en plein front le lieutenant Janvier de la Motte. Six Sénégalais tombaient à ses côtés. Ce ne fut pas sans peine que les cadavres des morts et notamment celui du lieutenant, purent être relevés et emportés.

Le combat fut rompu. Le commandant Vache ne sachant quelle mesure prendre, demeura avec sa troupe toute la journée suivante 16 avril sur les lieux du combat, puis le 17 se retira simplement.

Kotavy et ses quelques partisans ayant, sans difficulté, abandonné Iabomary, défilèrent parallèlement à la falaise, sans qu'aucun obstacle leur ait été opposé.

Depuis le début de leurs opérations et notamment à Iabomary (quatre mille coups de feu), Kotavy et sa troupe avaient consommé une quantité de munitions bien supérieure à celle représentée par les cartouches enlevées à Amparihy, ou aux tirailleurs de la reconnaissance Baguet. Il est certain que les insurgés avaient trouvé, pour se ravitailler en munitions, des complicités, dont l'existence n'était pas douteuse, mais qu'il fut impossible d'établir nettement. Les précautions minutieuses qu'avaient prises Kotavy empêchèrent de découvrir la provenance des munitions. A Iabomary, Kotavy distribuait les cartouches lui-même à chaque tireur, et chacun devait lui rendre les étuis de celles qu'il avait brûlées. Ces étuis avaient été soigneusement recueillis et replacés dans des caisses que Kotavy emporta en quittant Iabomary. « Il faut, dit-il, emporter les étuis, car le jour où les vazahas connaîtraient leur provenance, nous ne pourrions plus en avoir ».

Ces détails furent donnés par deux indigènes qui se trouvaient dans le repaire de Iabomary, lors de l'attaque infructueuse du commandant Vache, et que le lieutenant Deville, d'Imandabé, arrêta au cours d'une reconnaissance.

Sur la provenance des cartouches, les prisonniers racontaient : « Qu'un Anglais venait en bateau à Manambondro apporter les cartouches et les remettait à un indigène de ce village. Un délégué de

Kotavy, suivi de quatre bourjanes, allait les chercher et les apportait par le chemin de Vatanata. »
Le lendemain de l'affaire du 15-16 avril, Befotsy, le transporteur habituel, retourna à Manambondro, mais le bateau n'était pas arrivé; il y retourna le 20. L'identité de l'Anglais, pourvoyeur des rebelles, ne fut pas établie. On soupçonna un Mauricien, fixé à Farafangana, et qui se trouvait en corespondance avec certains hôtes du repaire de Iabomary.

* * *

Papanga était situé au nord-ouest de Ranotsara au col d'Isandaly, dans la forêt, à cheval sur la route de Midongy à Vangaindrano. C'était un point d'où il était possible de surveiller les mouvements de ces deux postes. En s'établissant à Papanga, Kotavy, après avoir quitté Iabomary, demeurait dans la région d'Amparihy, d'où il était parti et dont il ne s'était jamais beaucoup éloigné. Dans ce pays dont il connaissait tous les sentiers, au milieu d'indigènes de sa race, il se sentait dans une sécurité relative. Son expérience de la forêt le mettait aisément à l'abri des poursuivants ; la connivence de la population lui fournissait des renseignements sur les préparatifs, les marches de ses adversaires. Il était arrivé à Papanga après avoir été vivement attaqué du 5 au 8 mai par le capitaine Doré au nord-ouest du poste de Ranotsara, commandé par cet officier. D'un autre côté, le lieutenant Thibon, sorti de Befotaka, avait, pendant le même temps, poussé une reconnaissance pour lui barrer le chemin.

Avec Kotavy, dont la troupe s'était bien réduite, se trouvaient Mahafiry, assassin de Vinay, l'om-

biasy Ireinigakoky, Lebehany, autre assassin de
Vinay et ses fils : Berief et Tsivalia, Tsimafero,
Toneho, Imantara, tous très compromis.

Le capitaine Doré investit le repaire de Papanga.
Instruit par l'expérience de Iabomary, il entreprit
cete opération de façon à éviter à sa troupe des
pertes inutiles.

La tactique de Kotavy et des Fahavalos établis
dans un repaire, consistait à construire des retranchements : parapets, abatis, etc., derrière lesquels
ils étaient à l'abri des balles, et à aménager, about-
issant à ces défenses, des voies d'accès que commandait leur tir. A Iabomary, le lieutenant Janvier de Lamotte et ses Sénégalais avaient payé
de leur vie, l'imprudence d'un commandement qui
les avait lancés sur des sentiers exposés au feu
d'un ennemi invisible.

Le capitaine Doré se garda bien de s'engager
dans une de ces souricières, et se dirigea sur le
réduit de Papanga, en dehors des sentiers frayés,
en progressant directement à travers la forêt, tra-
çant au coupe-coupe des voies d'accès.

La méthode entraînait des fatigues énormes ;
la troupe avançait péniblement à travers l'impé-
nétrable forêt aux troncs réunis par des lianes.
Le 28 mai, après trois semaines d'efforts, le cordon
d'investissement arrivait à huit cents mètres du
réduit.

Kotavy déconcerté par cette avance sans combat
(un seul homme, un partisan des troupes du capitaine Doré, avait été tué) abandonna Papanga le
31 mai, s'infiltrant par des passages de lui seul
connus, à travers les assiégeants.

De ce moment Kotavy disparut, perdu de vue.
Il fût signalé le 7 juin dans la vallée de l'Irina,

entre Betroky et Tsivory, mais cette indication, non confirmée, demeura incertaine.

Après sa fuite de Papanga, Kotavy vit se fondre la troupe de ses partisans. Isolé, il erra de village en village, dans un pays dont il connaissait tous les détours, jusqu'au jour, nous le verrons plus loin, où il tomba aux mains des troupes françaises.

CHAPITRE IV

La fin de la révolte

Le lieutenant-colonel Berdoulat. — Vue générale sur la répression et les opérations militaires et politiques. — Ce que devinrent les principaux révoltés.

Le capitaine Quinque (14-3-05) n'acceptait la soumission des dissidents, des gens ayant pris la brousse, (alors même que rien ne prouvait leur complicité dans les assassinats commis sur des Européens au début de l'insurrection, ou leur participation aux combats livrés par les rebelles) qu'aux conditions suivantes :

Reddition des fusils à pierre et des sagaies, paiement de 5 francs d'amende par groupement et reconstruction des villages en dehors des cactus, journées de travail à la disposition du chef de district.

Aux tribus ayant pris, avec certitude, part à des actes insurrectionnels, il imposait la restitution des fusils modèle 86. Moyennant cette restitution tous auraient la vie sauve.

« Plus tard, ajoutait le capitaine Quinque, nous repincerons les coupables à la première faute. Pour le moment il faut en finir et surtout rattraper les fusils. »

Postérieurement (24-5-05) il confirme ces conditions : Reddition des armes et sagaies, amende de 5 francs par bourjane rebelle ou ayant quitté son village pendant la rébellion. « *Je me réserve plus tard, dit-il, la destruction des cactus entourant les villages, mesure impolitique en ce moment de rébellion, mais qu'il y aura lieu de reprendre pour des raisons d'hygiène* ».

Le lieutenant-colonel Berdoulat, alors chef d'état-major des troupes d'occupation, avait pris le 1ᵉʳ août la direction des opérations militaires dans toute la région insurgée. Nous avons vu quel résultat heureux cette unité de commandement avait déterminé au point de vue militaire. Le lieutenant-colonel Berdoulat ne fut pas moins heureux dans sa conception politique que dans ses directions tactiques. Le 5 août il adressait à ses subordonnés une circulaire disant:

« *L'important pour assurer la pacification rapide et définitive sera : 1° De faciliter par tous les moyens la reconstruction des villages et les cultures. 2° De maintenir la plus stricte discipline dans les reconnaissances toujours commandées par un Européen, un officier de préférence (pas d'abus dans les villages). 3° De veiller avec soin aux manœuvres des partisans et les tenir rigoureusement en laisse (ceux de Befotaka viennent de faire une opération de guerre contre les bourjanes d'Andetra qui amenaient des soumissionnaires et en ont tué deux). — Enfin montrez-vous très large pour les conditions de soumission. La leçon a été dure et servira pour longtemps, je l'espère.* »

Le même jour, il prescrivait spécialement au capitaine Quinque, au sujet des redditions d'armes:

« *Mais surtout pas de précipitation, attendez*

qu'ils aient réintégré leurs villages et recommencé leurs cultures.

Le mieux serait d'obtenir le résultat visé par la persuasion (on y est arrivé ailleurs).

Je reçois des plaintes — elles sont nombreuses — remontant à un an et demi, au sujet d'abus d'autorité, de mauvais traitements, d'extorsion de fonds ou de bœufs et imputées, les unes au soldat Babou d'Esira, les autres à des partisans et des tirailleurs... J'aime à croire que les faits ont été à dessin dénaturés par les indigènes, car s'ils étaient fondés, on s'expliquerait la violence exceptionnelle de cette rébellion. »

Et le lendemain, le lieutenant-colonel Berdoulat adressait au capitaine Quinque des instructions se terminant ainsi :

« Pas de politique à coups de trique surtout. Prenons notre temps, les Baras ne sont jamais pressés. Une politique menée militairement n'a aucun effet, pas plus qu'une action militaire menée mollement ».

Et un peu plus tard, le lieutenant-colonel Berdoulat envoyait à Tananarive, au gouverneur général, un télégramme demandant le rappel du capitaine.

Les indigènes qu'avait terrorisés la rigueur apportée par le capitaine Quinque dans la répression, comme dans les agissements ayant déterminé la révolte, revinrent dans leurs villages, et à la fin d'août 1905, il ne restait que bien peu de dissidents tenant la brousse.

Fusils baras et sagaies étaient en réalité des armes de parade. A l'ambulance de Midongy du sud, où furent soignés les blessés, *un seul* avait été atteint par un projectile de fusil bara. Tous les autres avaient été frappés par des balles de 86, ou de 74. Les rebelles n'avaient été armés efficacement que par les prises effectuées dans les postes enlevés.

L'autorité qui, nous le verrons, avait semé l'esprit de révolte parmi les indigènes, par une politique inintelligente, n'avait pas, au point de vue militaire, fait preuve d'une plus grande prévoyance qu'au point de vue administratif.

Les troupes étaient en nombre largement suffisant pour maintenir l'ordre et réprimer des soulèvement forcément localisés, à cause de la multiplicité de tribus sans lien entre elles, le plus souvent ennemies. Mais ces troupes avaient été dispersées dans des postes, aux garnisons d'autant plus faibles que les postes étaient plus nombreux. Ces garnisons, réduites à quatre ou sept tirailleurs comme à Manantenina et à Ranomafana, ces détachements comptant dix ou douze fusils comme celui commandé par le sergent Casalonga, devaient être submergés au milieu des insurgés : leur armement passait aux mains des fahavalos. Cette situation paradoxale s'établit, que, s'il n'y avait pas eu de troupes, les rebelles n'auraient pas pu s'armer. Dès le début de l'insurrection, les opérations militaires furent mal dirigées (affaire Baguet, promenades du capitaine Quinque, tergiversations du commandant Leblanc, échec de Iabomary, etc.) Ainsi, ce fut l'insuffisance même du commandement qui arma et développa l'insurrection. La situation en arriva à cet état quelque peu humiliant : deux mille hommes de troupes régulières, à la poursuite de quelques indigènes, armés de fusils français, modèle 86. La lutte ne se termina que par la fatigue des insurgés au bout de neuf mois.

Les opérations militaires, dans chacune des provinces insurgées, avaient été dirigées sans plan d'ensemble. Là où il aurait fallu un commandement unique, il y avait autant de chefs, non pas seulement que de provinces, mais de districts. Chacun cherchait à jouer son rôle, ne voyant que le succès de son bataillon ou de sa compagnie, s'efforçant de conserver ses effectifs les plus élevées possible, alors qu'une partie de ces effectifs eût été plus utilement employée par le voisin. Chacun avait sa méthode, chacun voulait s'emparer de Kotavy ou de Befanhoa. Des rivalités entre chefs d'unité se manifestaient. Midongy voyait d'un œil défiant ce qui se faisait à Vangaindrano ou à Betroka.

L'unité de commandement, réalisée par la mise à la tête de toutes les troupes du lieutenant-colonel Berdoulat, chef d'état-major, mit une fin rapide à l'insurrection ; tout fut terminé en trois mois. Le lieutenant-colonel Berdoulat se montra, non seulement un chef militaire capable, mais un administrateur avisé. Il fit relever de son commandement le capitaine Quinque et par des mesures intelligentes de clémence amena des soumissions que la force seule n'eût pu déterminer.

Sous la pression des forces militaires considérables mises dès lors en mouvement, l'effort de la résistance s'épuisa. Les fahavalos pourchassés, menant dans la forêt une vie de misère, se rendirent successivement. Les mesures de clémence intelligemment prises par le lieutenant-colonel Berdoulat, avaient eu plus d'influence que l'emploi de la force. Néanmoins, le chiffre des troupes belligérantes étonne quelque peu par sa disproportion avec le nombre des insurgés tenant la campagne.

En avril, opéraient dans la province de Farafangana : six compagnies malgaches, une compagnie et demie de Sénégalais, une compagnie comorienne, avec de la légion étrangère. Dans la province de Fort-Dauphin, la campagne était tenue par quatre compagnies sénégalaises et quatre compagnies malgaches.

Au total, dans la région révoltée, l'autorité disposait de dix-sept compagnies et demie, valeur numérique de l'infanterie d'une division. Avec les cadres de sous-officiers européens, c'était près de trois mille fusils à tir rapide, sans compter au moins deux cents miliciens armés de fusils modèle 1874.

De leur côté, les indigènes ne disposèrent jamais de fusils 86, autres que ceux enlevés à Amparihy (un fusil de Vinay), à Begogo (cinq fusils), à Esira (dix), au détachement de Casalonga (sept), à la troupe de Baguet et Janiaud (quatre). Au total, vingt-six fusils. En fusils 1874, ils s'étaient ravitaillés à Amparihy (douze fusils de miliciens). Ils possédaient en outre de nombreux fusils baras, — à pierre, sans précision, sans portée, ne faisant que du bruit —, des sagaies et des bâtons pointus.

*
* *

La prise de Kotavy, considéré comme chef et âme de la révolte, devait, dans l'esprit de l'autorité, amener la fin des troubles. Errant, fugitif, dans une région dont les habitants étaient tous ses complices plus ou moins déclarés, Kotavy échappait aisément aux recherches dont il était l'objet.

Le capitaine Bourgeron, chef du district de Vangaindrano, mit une activité infatigable à la découverte du rebelle. Dès le 27 avril, les émissaires du capitaine arrêtaient et faisaient transporter à Vangaindrano deux femmes, l'une Itzika, épouse divorcée de Kotavy, avant le drame d'Amparihy, l'autre Masovelo, sa femme légitime. Cette dernière, enceinte, fut découverte à Vohimalaza. Ni l'une ni l'autre de ces femmes ne donna de renseignements sur le lieu où, en évacuant Papanga, Kotavy s'était réfugié. Il semblait avoir marché vers le nord, du côté du col d'Idsandela. Certains désaccords s'étaient produits, semblait-il, entre ses partisans, lesquels se seraient divisés en deux ou plusieurs bandes.

Le 7 mai, le grand-père de Kotavy, *Iabanitsemitabo*, était arrêté à Vangaindrano. Deux jours après, Rahamatonga, le chef de Sandravinany, faisait évader de Sandravinany, où elle s'était réfugiée, la famille de Kotavy, composée de son père, sa mère et son frère. Rahamatonga arrêté, dirigé de Sandravinany sur Vangaindrano, essayait de fuir et était tué par son escorte.

Avec Kotavy se trouvaient encore : Lebehany, chef de Saharoanga, avec ses deux fils Besiefo et Tsivolia, et d'autres chefs tels que Timarefo et Tomeko. Mais la famille du proscrit demeurait aussi introuvable que lui-même.

Le 3 juin le capitaine Bourgeron, sur des renseignements paraissant sérieux, envoyait des émissaires chargés d'arrêter Kotavy, dans les environs de Manambondro. Les émissaires ne purent s'en emparer, mais amenèrent à Vangaindrano la tante et mère nourrice de Kotavy, ainsi qu'un de ses cousins. Isery, chef du district de Vohimalaza, avait prévenu les intéressés, bien qu'il affirmât ne pas les connaître.

Igindy et Ramahatano, évadés de la prison de Manambondrono, avaient rejoint Kotavy errant dans la brousse. Le chef de faritany, Iscry, fut incarcéré. Il devait demeurer en prison jusqu'à ce qu'il ait : 1° Fait livrer Kotavy; 2° Fait arrêter Igindy et Ramahatano ; 3° Fait trouver les bœufs de Mahafiry, assassin de Vinay, tué à Iabomary. D'autre part, on faisait savoir au grand-père de Kotavy détenu depuis le 7 mai, qu'il serait rendu libre dès que son petit-fils serait arrêté. Le 28 juillet le service de renseignements mandait que Kotavy avait quitté le district de Midongy pour se diriger vers Manambondro. On supposait qu'ayant connu la proclamation du lieutenant-colonel Berdoulat, sur les conditions de soumission, il avait le dessein de se livrer à Vangaindrano. Il était signalé comme ayant quitté les bords de l'Itomanpy, et s'étant établi dans un village situé sur la rive gauche de l'Isandra, entre Sandravinany et Amparihy.

Le 19 août le garde de milice Peron arrêtait Imanisaky d'Amparihy, un partisan ayant servi Kotavy depuis le début de l'insurrection. Imanisaky raconta que Kotavy s'était réfugié dans la forêt de Farahigelahy, au nord d'Amparihy. Il était sans armes, accompagné de quelques hommes, disposés à se laisser prendre plutôt qu'à se rendre. Le 22 août les renseignements se précisaient. Kotavy était dans la forêt de Farahigelahy. Il avait avec lui sept hommes : Ibenda, Ibanara, Ringoaka, Itsimandro, Iretany, Leybana, Ibetsiefa fils du précédent, et un atanosy inconnu. La petite troupe possédait cinq fusils modèle 74 et trois modèle 86.

Le 30 août, probablement trahi par un de ses

hôtes d'une nuit, Kotavy fut arrêté dans les environs de Sandravinany, et incarcéré.

Le lendemain 1er septembre arrivait à Sandravinany le secrétaire général de Madagascar, gouverneur général par intérim, durant l'absence du général Galliéni.

Depuis dix jours, M. Lepreux parcourait les provinces récemment insurgées, accompagné d'un nombreux état-major, haranguant les populations dans des kabarys solennels, dont l'effet, d'après ses comptes-rendus au ministère, lui semblait considérable. Dès la veille, en entrant dans la province de Farafangana, il avait appris l'arrestation de Kotavy.

De Fort-Dauphin, afin de hâter leur soumission, il avait, par des émissaires, fait savoir à Befanhoa et à Kotavy, que, s'ils se rendaient, ils auraient la vie sauve. On a dit — et de ce dire je n'ai pu découvrir ni l'origine ni encore moins l'authenticité — que Kotavy avait déclaré n'avoit point eu communication de cette promesse du gouverneur général. Kotavy, se rendant spontanément, eût évité le châtiment ; arrêté, il demeurait exposé à toutes les rigueurs; il eût donc été de la plus haute importance de fixer exactement dans quelles conditions avait été incarcéré le prisonnier de Sandravinany. En effet, M. Lepreux écrivait au Ministre : « *L'interrogatoire de Kotavy qui suivit le kabary ne m'apprit rien de particulier. L'ancien caporal de milice déserteur avait eu de brillants états de service et ne pouvait guère arguer pour sa défense que la crainte de représailles de la part de ses compatriotes, s'il refusait de se joindre à eux. Originaire d'Amparihy, etc. etc.* »

Ces phrases semblent être le résumé des réponses de Kotavy à l'interrogatoire de M. Lepreux ; il n'en est rien. Ce sont des interprétations de la conduite de Kotavy, lequel ne fut pas interrogé par le gouverneur-général intérimaire.

J'ai sous les yeux un procès-verbal de la comparution de Kotavy, rédigé le jour même par un des assistants, appartenant à la suite de M. Lepreux.

Kotavy fut extrait de la prison de Sandravinany, enchaîné aux bras et aux jambes et porteur d'une lourde cangue, sous la surveillance de deux Sénégalais. Il fut interrogé, non pas par M. Lepreux, mais par M. Benevent, administrateur chef, commandant la province de Farafangana. Cet interrogatoire ne fut pas rigoureux ; il se transforma en une conversation presque à bâtons rompus ; une seule phrase de Kotavy est à retenir : « *Il s'était révolté parce que lui et ses frères étaient persécutés* ».

La forme prise par cet interrogatoire s'explique aisément. M. Benevent, parlant la langue du pays, inconnue du gouverneur-général intérimaire, était tout désigné comme interrogateur. Ceux qui ont connu M. Lepreux, personnage infatué de son importance, soucieux avant tout de prestige, ne le pouvaient voir se commettre avec un simple caporal de milice.

Quant au fond de l'interrogatoire, aux raisons ayant amené Kotavy à se rebeller, M. Benevent, qui avait défendu Vinay et toujours soutenu que les causes de la révolte n'avaient pas été des fautes, des exactions commises par le personnel sous ses ordres, était peu disposé à recevoir de Kotavy des déclarations jugées dangereuses.

Entre les assistants s'engagea une conversation : qu'allait-on faire de Kotavy? Les militaires demandaient qu'il fut immédiatement fusillé avec éclat, devant la population de Sandravinany. Ils jugeaient cette exécution indispensable comme exemple donné aux indigènes, qui hier encore, suivaient Kotavy dans sa révolte. M. Lepreux, plus modéré, décida que Kotavy serait déféré à une cour criminelle siégeant à Farafangana. Un télégramme fut expédié à ce sujet au procureur général à Tananarive.

Quelqu'un opina que Kotavy devrait suivre le gouverneur à Farafangana. L'administrateur Benevent et le capitaine Bourgeron combattirent cette proposition: Kotavy était un homme dangereux; en route il pourrait faire chavirer la pirogue et s'évader. Kotavy fut laissé à Sandravinany, emprisonné, sous la garde des Sénégalais.

Le lendemain à 6 heures, le gouverneur Lepreux partait pour Farafangana. A 12 heures, à Manambondrono, l'administrateur Benevent et le capitaine Bourgeron recevaient du lieutenant Bars, demeurant à Sandravinany, une lettre qui annonçait, sans donner de détails, une tentative d'évasion de Kotavy. M. Lepreux arriva à Farafangana le 9 septembre ; il y trouva cette lettre du capitaine Bourgeron :

Vangaindrano, 8 septembre 1905

« *J'ai l'honneur de vous adresser ci-joint la copie d'une lettre de Monsieur le Lieutenant Bars, chef du poste de Sandravinany, par laquelle il me rend compte de la mort inattendue de l'ancien brigadier de milice rebelle Kotavy, détenu à la prison du poste en attendant son transfert à la prison de Farafangana. Il ressort d'après la date d'envoi de la dite lettre que le lieutenant Bars n'avait pas encore été touché par l'ordre que je lui ai adressé le 5 septembre d'avoir à mettre en route le dit Kotavy sur Vangaindrano, d'où je devais le diriger ensuite sur Farafangana* ».

BOURGERON.

Voici le texte de la lettre du lieutenant Bars, qu'avec sa propre missive, transmettait le capitaine Bourgeron :

« *J'ai l'honneur de vous rendre compte que ce matin 5 septembre, au réveil, Kotavy a été trouvé mort dans la prison du poste. Il y a trois jours, j'avais dû, comme je vous l'ai écrit, séparer Kotavy de deux autres prisonniers. Il se trouva donc seul dans l'un des deux compartiments de la prison.*

« *Je n'ai relevé sur son cadavre aucun indice permettant d'établir la cause de la mort.*

« *Je me demande si les habitants de Sandravinany qui lui apportaient à manger, ne l'auraient pas empoisonné pour le soustraire aux imaginaires supplices qui l'attendaient.* »

BARS.

Dans son rapport au ministre, M. Lepreux relate cet événement en ces termes : « *Après mon départ de Sandravinany, les habitants du pays apprirent avec une satisfaction mêlée de surprise que le déserteur n'avait pas été passé par les armes. Cette exécution leur aurait paru si naturelle, si conforme à leurs usages qu'après réflexion, ils se convainquirent que Kotavy allait être amené à Farafangana, non pour être jugé régulièrement, mais pour se voir livré aux tirailleurs sénégalais qu'il avait combattus et qui lui infligeraient les pires tortures.*

*Pour le soustraire à ce châtiment, ils l'empoison-
nèrent avec les aliments que, par tolérance, les
familles apportaient aux détenus dans les postes
où il n'existe pas de véritable prison, ce qui est
le cas de Sandravinany* ».

Or M. Lepreux n'avait rien fait, bien au contraire, afin de s'éclairer sur les circonstances dans
lesquelles avait succombé Kotavy.

A l'hypothèse *empoisonnement*, s'en opposait
une autre : Kotavy aurait été tué par les tirailleurs sénégalais, préposés à sa garde, jaloux de
venger leurs frères tombés devant le repaire de
Iabomary. L'examen du cadavre de Kotavy, une
autopsie, pouvaient permettre de vérifier la valeur
de chacune de ces hypothèses. Le Dr Jourdran,
médecin-major de 1re classe, de l'armée coloniale,
praticien de valeur, accompagnait dans sa tournée
administrative le gouverneur ; il lui demanda
l'autorisation de pratiquer l'autopsie de Kotavy.
M. Lepreux la lui refusa.

La façon dont mourut Kotavy est restée mystérieuse. Certaines observations rendent douteuse
l'explication du décès présentée par le lieutenant
Bars, acceptée et rendue officielle par le rapport
de M. Lepreux au gouvernement.

Kotavy aurait été empoisonné par ses parents ?
Quels parents ? Aucun ne s'est fait fait connaître
à Sandravinany, aucun n'a, après sa mort, réclamé
son cadavre, n'a demandé à l'ensevelir et à l'inhu-
mer, pratique toujours religieusement respectée
pourtant dans la famille malgache. Comment les
officiers et soldats chargés de garder un prisonnier aussi important que Kotavy, le chef principal
des révoltés, l'auraient-ils laissé en communication
avec ses amis, ses parents, ses complices d'hier ?

Comment admettre, — le gouverneur-général ayant le 1er septembre, à Sandravinany même, après la comparution de Kotavy enchaîné, ordonné son transfert immédiat à Farafangana —, que le capitaine Bourgeron ait attendu jusqu'au 5 septembre, avant de notifier l'ordre de transfert au lieutenant Bars, alors que ces deux officiers avaient été présents ensemble à Sandravinany et entendu l'un et l'autre la décision de M. Lepreux ? Dans cette conférence, le capitaine Bourgeron et M. Benevent avaient opiné d'abord pour l'exécution sommaire et immédiate du révolté, puis opposé des objections à son transport immédiat vers Farafangana.

Toutes ces circonstances montrent combien M. Lepreux fut mal inspiré en refusant de laisser pratiquer l'autopsie de Kotavy.

Kotavy et Befanhoa avaient eu des compagnons de lutte ; de quelques-uns nous connaissons le sort.

Befanhoa fut interné à l'île Sainte-Marie.

Aux côtés de Kotavy et Befanhoa, Mahavelo de Masianaka avait joué un rôle important dans l'insurrection. C'était lui qui avait attaqué et enlevé Ranomafana, à la nouvelle de la mort de M. Hartmann. C'était lui qui avait provoqué l'assassinat de Pietri et le sac d'Esira, lui qui avait, avec ses gens, harcelé puis assiégé Casalonga dans Ampasimano et massacré le détachement acculé dans la vallée de Vatarangano. Il avait aussi attaqué le capitaine Grammont le 4 janvier 1905 à Ranomafana, puis le lieutenant Lefranc à Tsifahora. Il se soumit à Esira, puis fut déporté à Sainte-Marie.

Dans la révolte de la province de Fort-Dauphin un autre chef, Resohiry, avait, lui aussi, joué un rôle de premier plan. Chef intérimaire de Manheva, il avait été, dès avant l'explosion révolutionnaire, signalé pour son attitude hostile envers les Européens.

Ayant reçu de Mahavelo un émissaire qui l'avait mis au fait des événements survenus à Ranomafana, Resohiry entraîna les gens de Fihiela à l'assassinat de Pietri. Ce fut lui-même qui prit le sergent à bras le corps et l'immobilisa pendant qu'Ismahofata et Befify le frappaient de leurs haches.

Ce fut Resohiry qui répartit les fusils enlevés à Esira, contribua à la mort de Casalonga, aux attaques de la colonne Grammont et de Ranomafana.

En mars, il s'était rendu à Esira, mais bientôt disparaissait, ne répondant plus aux convocations. Il fut arrêté au village d'Ampamatoba, non sans résistance ; il tenta de frapper d'un coup de hache l'interprète Léon et les partisans chargés de son arrestation.

Il fut également déporté à Sainte-Marie.

TROISIEME PARTIE

CHAPITRE PREMIER

Les causes de la révolte

Les versions officielles successives sur les causes de la révolte.

La révolte de 1904 fut étendue et grave. Le sud-est de Madagascar s'était soulevé presque entier contre l'autorité française. La province de Farafangana et celle de Fort-Dauphin dans toute leur étendue, celle de Tulear en partie, toute la population bara, toute la race tanala s'étaient rangées, ouvertement ou dans une complicité sournoise, du côté des insurgés.

Des haines séculaires, entre tribus d'origine différente, disparurent dans la lutte contre l'ennemi commun. Fait surprenant aux yeux de ceux qui connaissent l'instabilité de l'esprit indigène : l'effort dirigé contre la domination des vazahas dura pendant près de neuf mois. Des forces militaires imposantes, en disproportion énorme, de nombre et d'armement, avec celles des révoltés, durent être employées contre eux.

Ainsi, la profondeur du mouvement anti-français apparaît avec évidence. Pour que des populations naturellement indolentes, sans cohésion, sans chefs, passent à cet état de révolte violente, de passives et résignées qu'elles étaient ; pour que séparées par des haines de race, des rancunes héréditaires, elles fassent bloc contre une autorité jugée invincible, entourée d'un prestige imposant ; pour qu'un esprit collectif naisse, les soulève et les soutienne durant des mois, il faut des motifs puissants. Ces motifs, le gouvernement métropolitain a voulu les connaître, s'en est enquis avec insistance auprès du gouvernement général de Madagascar, et ce dernier, dans ses rapports officiels, a invoqué, comme cause de révolte, l'esprit d'indépendance, d'indiscipline, des races insurgées.

Le 31 décembre 1904, le général Galliéni écrivait au Ministre : « *...En définitive je ne crois pas me tromper sur les causes du mouvement dans la province de Farafangana, en disant avec M. l'administrateur Benevent qu'elles sont toutes dans la mentalité de ces tribus sauvages, dans les regrets qu'elles conservent de l'ancien état anarchique, auquel nous avons mis un terme, au grand profit de leurs voisins Betsileos, Antefasys, plus tranquilles et plus laborieux, enfin dans l'inaptitude de la génération actuelle à distinguer la bienveillance que nous lui avons témoignée de la faiblesse ou de la crainte* ».

« *Je suis donc convaincu, comme M. Benevent, que la révolte des Antaisaka était certaine, et qu'elle eut été d'autant plus dangereuse que, la confiance de nos chefs de poste devenant plus grande avec le temps, elle aurait tardé davantage* ».

Le 11 janvier, s'expliquant sur les causes de la révolte dans la province de Fort-Dauphin, le général Galliéni écrivait encore :

« *La manière dont les troubles ont éclaté à Fort-*

Dauphin confirme mes précédentes explications sur les causes primaires de la rébellion.

« Le pays était entièrement calme et pouvait être parcouru sans escorte en tous sens ; dès l'annonce des événements d'Amparihy, une tribu, celle des Imahos, s'est mise à la disposition du lieutenant Barbassat, pour le conduire à la rencontre des fahavalos et il a suffi de l'irruption soudaine de 800 rebelles et de la mort de M. Hartmann pour soulever toute la région de l'est de la Mandrare.

« Il est difficile de ne pas voir là un brusque réveil des instincts pillards et cruels des habitants de ces régions ».

En exposant cette thèse sur les causes de l'insurrection, attribuée à la mentalité barbare et indisciplinée des populations du sud, le général Galliéni était d'une entière bonne foi. Je suis arrivé à cette conclusion, parce que j'ai pu me rendre un compte exact de la façon dont s'était établie sa conviction. Il avait été renseigné par des sous-ordres, dont tout l'intérêt était de dissimuler des faits, qui auraient fourni des raisons de l'insurrection engageant gravement leur responsabilité. Certes, nul ne nierait que les populations du sud fussent demeurées sauvages, que notre autorité, tendant à transformer leurs mœurs, à les imprégner de civilisation, les gênat, que cette contrainte fut mal supportée, que partout existât le regret de la vie barbare. Un tel état d'esprit constituait évidemment une disposition à la révolte, mais pour que de latent il devint bruyamment manifeste, il fallait une cause occasionnelle, génératrice de l'explosion, d'autant que, — le général Galliéni le faisait remarquer —, l'insurrection, coup de tonnerre dans un ciel serein, avait éclaté alors que rien ne la faisait prévoir. La tranquillité était réellement parfaite ; tout le pays de Fort-Dauphin pouvait être parcouru sans escorte.

Rassuré par les rapports officiels, tous très optimistes, de ses administrateurs, le gouverneur général devait s'étonner d'un si brusque revirement. Aussi bien, dès le début de l'insurrection, les chefs des provinces de Farafangana et de Fort-Dauphin, fournirent-ils une explication : la même.

Le 24 novembre, six jours après l'assassinat de Vinay, M. Benevent, chef de la province de Farafangana, télégraphiait à Tananarive :

« *Des quelques éléments d'information que je possède, cet état d'esprit (insurrectionnel) serait le résultat de l'augmentation de la taxe personnelle* ».

Les fonctionnaires de ces provinces avaient été, d'une façon générale, opposés au relèvement de la taxe personnelle. Vivant au milieu des indigènes, ils connaissaient leur pauvreté, la difficulté avec laquelle ils se procuraient les sommes réclamées par l'impôt, et aussi les difficultés auxquelles, eux les percepteurs, se heurtaient pour en assurer la rentrée. Mais la valeur des fonctionnaires était souvent jugée par les bureaux de Tananarive d'après la quantité des sommes perçues et la date à laquelle la totalité des taxes avait été versée. La chasse à l'impôt, grossi chaque année par l'accroissement des dépenses, était la principale préoccupation des administrateurs. Toute augmentation des taxes leur imposait un surcroît de travail et une pression plus forte à exercer sur les contribuables.

Attribuer la révolte à l'effet des contributions nouvelles, c'était rejeter toute la responsabilité de l'événement sur le gouvernement central de Madagascar qui avait décidé, contre leur avis, l'augmentation de la taxe de capitation.

Cette opinion, on le conçoit, ne pouvait être celle de Tananarive et dès le 26 novembre, le gouvernement général télégraphiait à Farafangana :

« *Taux de l'impôt me paraît cause superficielle, pas suffisante pour motiver semblable mouvement. Inclinerais plutôt à penser que avons trop attendu pour appliquer à ces populations régime des provinces voisines* (1). *Elles ont vu dans cette marque de bienveillance un signe de faiblesse* ».

En fonctionnaire discipliné, M. Benevent, commandant la province de Farafangana, se rangea à l'opinion de son chef : la révolte ne pouvait résulter de l'accroissement de l'impôt. Dans un rapport du 8 décembre, qui fut communiqué au ministère, dans une note confirmative écrite à tête reposée en octobre 1905, il explique ainsi l'origine de l'insurrection :

« *L'esprit le plus dépourvu de préjugés estimait à priori, qu'une semblable insurrection ne pouvait pas se produire sans motifs graves.*

Une des raisons, la plus généralement acceptée, est que l'insurrection a été une protestation des indigènes contre l'augmentation de l'impôt.

Quelques personnes ont supposé que la révolte avait été suscitée par des mesures vexatoires, dont les populations cherchaient à tirer vengeance.

En réalité aucune de ces hypothèses ne doit être acceptée, quoiqu'il faille tenir compte de l'une et de l'autre. Que les indigènes aient protesté contre l'élévation du taux de l'impôt, cela est indiscuta-

____

(1) *C'est-à-dire le taux de la capitation de ces provinces, supérieur, jusqu'en 1904, à celui de la région insurgée.*

ble. *Quelle est au reste l'augmentation des taxes fiscales acceptée sans protestation, même dans la métropole ?*

Que des indigènes émissaires aient parlé de vexations administratives, cela est également hors de doute.

Mais ce n'est là que prétextes et il est facile de le démontrer. »

La taxe personnelle avait été augmentée dans les districts de Vangaindrano, Farafangana, Karianga, Vohipine, Vondrozo, et maintenue à 10 frs dans les districts de Midongy, Ivohibe, de l'Ikongo.

« *Or, fait remarquer M. Benevent, la révolte a été la plus violente à Midongy, où l'impôt n'avait pas été augmenté ; elle a été vive aussi dans l'Ikongo atteint par l'augmentation : nulle, ou à peu près, à Farafangana, Vohipeno, touchés par les taxes nouvelles.*

Fort-Dauphin, Betroky, Ihosy, ont été ébranlés sans qu'aucune charge nouvelle ait pesé sur les habitants de ces régions.

La vraie raison, il faut la chercher autre part, et éviter de faire abstraction des facteurs principaux qui sont inhérents à l'état d'âme particulier des populations du sud de Madagascar.

De ces populations aucune n'a pour nous de sympathie ou de reconnaissance, aucune n'estime notre présence nécessaire et n'apprécie nos principes humanitaires...

Le Bara, comme le Tanala, songe avec regret au temps passé, où le bon plaisir de chacun remplaçait toutes les obligations. La paix forcée, surtout la suppression du vol en bandes armées, de la faculté de s'enrichir aux dépens du voisin, et d'une façon générale de tout ce qui constitue l'in-

dépendance du sauvage, voilà de quoi sont faits les préjugés contre lesquels nous avons encore à lutter... »

Le général Galliéni, dans ses rapports au ministre des colonies, faisait siennes les conclusions de M. Benevent, attribuant la révolte à la mentalité sauvage des indigènes.

M. Benevent, ainsi que beaucoup d'administrateurs civils et militaires, avait un grave intérêt à maintenir le gouverneur général dans cette opinion et à laver les autorités locales de certaines accusations, comme celles d'avoir commis des abus d'autorité. Dès l'abord il avait invoqué l'augmentation de l'impôt; à cette thèse rejetée par Tananarive, il avait renoncé et choisi celle de la mentalité indigène.

Il fallait avant tout que le gouverneur général ne prît pas au sérieux les allégations graves d'un journal de Tamatave, *la Dépêche de Madagascar,* sur les agissements de Vinay et de Choppy. Ce journal était dirigé par un Mauricien, qui avait pris une attitude résolument indigénophile. Il critiquait avec vigueur, et parfois avec la maladresse des coloniaux improvisés journalistes, les actes du gouverneur général. Comme beaucoup de militaires, le général Galliéni était très sensible aux attaques de la presse et les journalistes de ce temps, dont la valeur morale était égale à la valeur professionnelle, surent exploiter souvent à leur profit cette susceptibilité du gouverneur général. On vit plus d'une fois les campagnes de presse cesser brusquement... un journaliste avait été satisfait.

Le général Galliéni jugeait tous les journalistes à la lumière de ces expériences. Gimel, homme de couleur, directeur de la *Dépêche de Madagascar,* lui était particulièrement antipathique. Sa nationalité d'origine (il était Anglais de l'île Maurice) rendait son attitude suspecte de francophobie. En 1895, il habitait Diego et les autorités militaires, sur de ridicules apparences, l'avaient soupçonné de relations avec l'ennemi. Ses critiques de l'administration, plus sensées, il faut le reconnaître, et plus désintéressées aussi que celles de ses confrères en journalisme, avaient ému le gouvernement général. Gimel était devenu sa bête noire. La naturalisation française lui avait été refusée sur les rapports défavorables de Tananarive.

Quand la *Dépêche de Madagascar*, dans son numéro du 8 février 1905, attribua à des exactions et des brutalités commises par Vinay et Choppy, leurs assassinats, — vengeances d'indigènes exaspérés —, le gouverneur général se trouvait naturellement disposé à voir dans ces accusations de simples calomnies. Néanmoins, il demanda à M. Benevent, administrateur en chef de Farafangana, des renseignements. Les renseignements furent tout en faveur de Vinay et Choppy.] Le 1ᵉʳ mars 1905, le général Galliéni écrivait au Ministre :

« Par mon rapport du 31 décembre dernier, je vous faisais connaître notamment qu'il ne pouvait d'autre part être question à mon sens, d'attribuer la rébellion des tribus de la province de Farafangana à des abus qu'auraient commis nos fonctionnaires ou officiers.

Cependant le journal La Dépêche de Madagascar *dont, ainsi que je vous l'écrivais le 31 décembre, dont le directeur originaire de Maurice est bien connu, depuis longtemps, pour ses tendances antifrançaises, a lancé de graves accusations : il faut dire qu'elles s'adressent à des morts. Dans son numéro ci-joint du 8 février, ce journal n'a pas hésité à salir la mémoire de nos deux compatriotes, le sergent Vinay et M. Choppy, les premières victimes des Antaisaka. Vous trouverez également ci-inclus, copie de la correspondance que j'ai échangée à ce propos, avec M. Benevent : le sergent Vinay avait été l'objet des appréciations les plus favorables de la part de tous ses chefs, fonctionnaires civils aussi bien qu'officiers ; il remplissait, depuis trois ans, des fonctions administratives dans la province de Farafangana, et vivait au milieu des indigènes dans la plus grande quiétude. M. Benevent répond avec conviction aux calomnies proférées contre ce sous-officier qui fut un digne serviteur du pays.*

Quant à M. Choppy, il était à peine connu des indigènes de Manambondro où il se trouvait depuis trois mois seulement... »

Pour les autorités locales de la région révoltée, le mouvement insurrectionnel avait été attribué, dès son début, à l'élévation des impôts. Cette opinion ne fut point admise par le gouvernement général auteur de l'aggravation de la taxe de capitation; aussi ces autorités locales n'insistèrent pas et s'en prirent au mauvais esprit des populations du sud. L'opinion publique des colons, dont la presse était le reflet, imputait le soulèvement à l'exaspération des indigènes tyrannisés par certains fonctionnaires civils ou militaires ; des faits étaient rapportés. Les autorités locales, responsables, si les accusations étaient méritées, nièrent avec énergie : le gouverneur général les crut sur parole.

Le gouverneur général Galliéni, dans ses communications au ministère était, j'en suis convaincu, et je le répète, d'entière bonne foi. Son opinion sur les causes de l'insurrection était erronée — nous le verrons plus loin —, et, dans les conditions où elle s'était formée, ne pouvait être qu'erronée. Sur les choses de son gouvernement, quand il s'agissait des rapports de ses agents avec les indigènes, il était mal informé. Des faits importants, des agissements absolument contraires à ses intentions et à ses instructions, lui étaient dissimulés. Aujourd'hui, sachant comment les indigènes du sud étaient traités par certains agents civils ou militaires, la révolte nous apparaît la conséquence fatale de mœurs administratives trop répandues. En 1904, le général Galliéni ne savait rien de ces pratiques. La situation morale et matérielle des indigènes lui était dépeinte dans des rapports officiels avec un optimisme absolu. La réalité, pour être connue, aurait dû être étudiée sur place, par des contrôleurs éclairés et indépendants ; à Tananarive on ne vérifiait que des pièces.

Quand le gouverneur général se déplaçait, visitait quelque région, les choses se passaient sur le modèle des inspections générales militaires : les intéressés prévenus à l'avance avaient le temps de se préparer. Sur le passage du gouverneur général, à l'approche des agglomérations le cortège officiel défilait entre deux haies d'indigènes, vêtus de lambas d'une éclatante blancheur, les femmes battant des mains en cadence. A l'entrée des villages, un chœur de mpilalys (1) exécutait des chants et des danses; parfois une troupe, organisée en corps de ballet, portant boucliers et lances de parade, exécutait après de nombreuses répétitions une pyr-

(1) *Musiciens et chanteurs.*

rhique guerrière; les enfants de l'école chantaient une Marseillaise discordante, offraient un bouquet et récitaient un compliment au protecteur de Madagascar ; l'administrateur français lisait un discours célébrant les progrès de la civilisation consécutifs au développement de l'assistance médicale et de l'instruction. Puis la parole était donnée à quelque chef docile, habile au kabary : en langue malgache il clamait la reconnaissance des indigènes pour le gouverneur général, leur dévouement à la France bien-aimée.

Entouré, guidé par les autorités du lieu, tant civiles que militaires, le gouverneur général ne voyait que ce qu'on lui montrait, ne pouvait guère juger que des travaux publics en exécution. Des agissements directs de ses subordonnés, il ne savait et ne pouvait rien connaître, pas plus que de l'état d'esprit des indigènes. Cet esprit il ne le jugeait qu'à travers les manifestations imposées d'enthousiasme. A travers aussi les discours des administrateurs. S'il avait pu, par l'intermédiaire d'un interprète honnête, n'appartenant pas à la région, interroger les prisonniers, peut-être aurait-il appris quelque chose. Je dis « peut-être », parce qu'il est difficile de tirer de l'indigène naturellement dissimulé, défiant, craintif, une réponse nette : on n'arrive à obtenir de lui quelque clarté, à aborder un sujet brûlant, qu'après de longs préambules. Mais le gouverneur général, au cours d'une tournée, ne voyait jamais les prisonniers que par une porte entr'ouverte et vite refermée.

Sur la révolte de 1904, l'opinion de tous, gouverneur général, ministre, était donc faite, définitive : la sauvagerie des indigènes, qui résistaient aux procédés humains et généreux de l'autorité française, était la seule cause de leur révolte.

Mais en octobre 1905, le ministre recevait une communication remettant en cause la question des origines de l'insurrection.

Le général Galliéni, gouverneur général, était parti en congé au mois de juin pour la France. Le secrétaire général, M. Lepreux, gouverneur des colonies, avait pris, réglementairement, les fonctions intérimaires de gouverneur général.

M. Lepreux, non sans quelque pompe, entreprit une tournée dans les régions qui s'étaient soulevées quelques mois auparavant et où le calme était revenu.

M. Lepreux, dans de nombreux et solennels kabarys, harangua les indigènes.

Le 1ᵉʳ septembre, à Sandravinany, théâtre primitif de la révolte, il terminait ainsi un discours(1) : « *Enfin j'insistai d'une façon toute particulière pour obtenir d'eux l'exposé des motifs qui avaient pu les pousser à la révolte. Je finis par obtenir d'un chef de clan mis en confiance par mes paroles, des déclarations qui corroboraient certains renseignements que j'avais déjà recueillis et qui me confirmèrent dans l'opinion qu'aux causes intrinsèques de l'insurrection, tenant à la mentalité spéciale des indigènes, venaient s'ajouter des motifs extrinsèques, accidentels, provenant d'actes répréhensibles, ou tout au moins imprudents, commis soit par nos représentants, soit par des colons.* »

Suit un long alinéa sur la mentalité des indigènes de Farafangana, reproduction des considérations psychologiques déjà exposées, puis M. Lepreux continue : « *Des causes incidentes susceptibles de faire naître le conflit, deux pouvaient être, dès le*

(1) *Rapport au ministre.*

*principe, envisagées : 1° La question de l'impôt;
2° Nos procédés d'administration. Mon enquête en
a soulevé une troisième : celle des relations entre
nos chefs de poste, les commerçants, et la population indigène.*

*La question de l'impôt ne m'a pas semblé devoir
être retenue...*

*Mais si le taux de l'impôt n'est pas trop élevé,
c'est son mode de perception qui a soulevé les
plus vives réclamations, comme aussi les corvées,
dont par un zèle intempestif certains chefs de
poste ont trop souvent abusé. Ce sont enfin les
procédés déloyaux, employés par quelques colons
dans leurs transactions, qui ont mis le comble au
mécontentement des indigènes.]* Il n'est pas douteux à cet égard que le sergent Vinay comme le
colon Choppy avaient commis des actes assuré-
ment répréhensibles et qui avaient choqué les
notions d'équité qui sont instinctives chez tous les
primitifs.

Vinay, malgré ses notes élogieuses et ses antécédents favorables, loin de traiter ses administrés
avec tous les ménagements que réclamait leur
caractère ombrageux et indépendant, manquait
souvent de pondération et blessait trop ouvertement les coutumes ancestrales auxquelles ils sont
profondément attachés. Il n'apportait aucun ména-
gement à la perception de l'impôt et ne se préoc-
cupant pas des précautions à prendre pour tenir
des rôles exacts, faisait incidemment payer deux
fois la taxe de capitation par le même individu
auquel la perte réelle de son livret, ou une similitude de nom donnait l'apparence d'un réfractaire.
Il m'a été affirmé à maintes reprises qu'il usait
parfois de procédés violents et même répugnants

vis-à-vis des récalcitrants. Sans ajouter foi aux racontars qui le représentent comme un tortionnaire, il est permis de supposer cependant, que grisé par sa situation et confiant dans son éloignement du chef-lieu du district, il devait se considérer comme un petit potentat et agir en conséquence...

...Quant à Choppy, qui avait cru pouvoir monopoliser à son profit tout le commerce de la région, au point de vouloir empêcher les malgaches de préparer du sel avec de l'eau de mer, les obligeant ainsi à se fournir chez lui de cette denrée indispensable et coûteuse, il incarnait le type accompli de l'exploiteur d'indigènes, s'arrogeant tous les droits du conquérant, etc... Profitant de ses bonnes relations avec Vinay, abusant de la bienveillance que l'administration témoigne à tout colon établi dans un pays neuf, il se considérait comme nanti d'une véritable délégation d'autorité et terrorisait les habitants auxquels il infligeait punitions et amendes.

Comment de tels faits ont-ils pu échapper à la vigilance du chef de district et du chef de province? Comment ces fonctionnaires n'ont-ils jamais perçu l'écho de ces abus ? Pour qui connaît le caractère habituel du Malgache, le problème n'est pas insoluble et particulièrement quand il se pose dans la région qui nous occupe. Des relations qu'elles ont eues avant notre prise de possession du pays, avec des peuples de civilisation plus avancée, les tribus du sud ont conservé, à juste titre, un souvenir fâcheux. Chaque fois que confiantes dans les promesses qui leur avaient été faites par le gouvernement howa, elles étaient venues faire acte de soumission ou présenter des doléan-

ces, elles avaient été, non seulement éconduites sans obtenir aucune satisfaction, mais encore il s'en suivait parfois un massacre général de tous les adultes et la mise en captivité des femmes et des enfants. Certes les indigènes du sud n'ignorent pas que ces procédés de l'ancien régime ont aujourd'hui disparu, mais ils ne peuvent croire que leurs réclamations, même lorsqu'elles s'exercent contre les Européens ou des représentants de l'autorité, seront toujours écoutées et accueillies, si elles sont justifiées. »

Ce morceau de littérature est à méditer. L'autorité locale avait considéré d'abord l'impôt comme cause de l'insurrection, puis, devant la répugnance du gouvernement général à accepter cette thèse, avait attribué la révolte à la mentalité obstinément sauvage des indigènes. La presse avait, elle, vu dans la rébellion et l'assassinat d'Européens, des actes de vengeance d'une population tyrannisée.

M. Benevent avait traité ces dires de calomnies, célèbré les mérites de Vinay et Choppy ; le général Galliéni s'était rangé à une manière de voir dont il lui était impossible de critiquer la justesse.

M. Lepreux avait, d'après des renseignements recueillis sur place, de la bouche d'indigènes victimes des agissements de Vinay, reconnu l'exactitude des accusations portées par la *Dépêche de Madagascar.*

Il fut évidemment perplexe. Cacher ces faits au ministère, c'était impossible. Tôt ou tard le gouvernement en aurait connaissance par des fonctionnaires mécontents ou des colons venant de la grande Île. D'autre part, les révéler, alors que le gouvernement général allait probablement devenir vacant par le départ définitif du général Galliéni.

c'était s'acquérir auprès d'un ministre qui prétendait donner à la colonisation le caractère d'une association entre Français et indigènes, des titres non négligeables. Et puis un secrétaire général, sorte de Dauphin, intérimaire désigné du gouverneur général, a toujours, comme jadis les fils de France, une politique un peu indépendante, se traduisant non pas en critiques ouvertes, mais par une attitude de passivité résignée, laissant entendre que bien des mesures lui sont imposées.

D'un autre côté, avouer les méfaits de certains agents présentait un danger. Le ministre ne manquerait pas de demander comment de tels faits avaient pu échapper à l'administration supérieure et le secrétaire général, chef de cette administration, au courant de tout, chargé de la direction du personnel, risquerait d'être accusé d'un défaut de surveillance. Rejeter la responsabilité de cette ignorance sur l'insuffisance du chef de district, voire du chef de province, c'était une défaite, inacceptable pour le Ministre. M. Lepreux n'hésita pas : si personne n'avait rien su, c'était la faute des indigènes; ils ne s'étaient pas plaints, redoutant de la part de l'autorité française les procédés dont ils avaient souffert sous le gouvernement Howa. L'administration de Madagascar n'avait rien à se reprocher ; l'insurrection avait eu une cause intrinsèque : la sauvagerie des tribus. Des causes extrinsèques avaient pu jouer un rôle : l'impôt ? Non. Les brutalités de certains agents ? Peut-être. Mais ces brutalités étaient demeurées ignorées, parce que les indigènes n'en avaient rien dit.

Nous allons, dans les chapitres suivants, examiner l'importance de ces causes extrinsèques, voir si, comme l'affirmait M. Lepreux, l'administration locale les avait ignorées ; nous demander si certaines pratiques du gouvernement Howa, si justement stigmatisées par M. Lepreux, ne se continuaient pas sous l'administration française, si les indigènes étaient en droit ou non de croire que leurs réclamations, même lorsqu'elles s'exerçaient contre les Européens ou des représentants de l'autorité, seraient toujours écoutées et accueillies, si elles étaient justifiées. Enfin nous rechercherons si le gouverneur général était exactement renseigné par les autorités locales sur les faits, « causes intrinsèques » de la rébellion.

CHAPITRE II

*Considérations générales sur notre politique colo-
niale indigène. — Erreurs de cette politique.*

Les lieux dans lesquels, en 1904, éclatèrent de
véritables révoltes, ou dans lesquels se produisirent des tentatives de rébellion plus ou moins
nettes, furent : 1° La province de Farafangana
et dans cette province, les districts de : Vangaindrano, Midongy, avec les sous-districts de Ranotsara, Soarano, Iakora, Befotaka, Vondrozo ;
2° Dans le cercle de Fort-Dauphin, les postes de
Ranomafana, Esira et Betroky.

Dans tous ces points d'où partit la rébellion, là
où elle s'accompagna de sévices, voire de massa-
cres, où elle dura le plus longtemps, on trouve à
son origine les mêmes causes, les mêmes griefs des
indigènes. Partout ils se sont plaints de l'accroissement de l'impôt, des procédés de recouvrement
et surtout des abus d'autorités, des brutalités des
agents de l'administration, civils ou militaires, des
agissements tyranniques de certains colons. Partout la révolte débuta par l'assassinat d'Européens, *vengeances tirées d'actes dont les auteurs
ou leurs proches avaient directement, personnelle-
ment souffert.*

Certes, comme l'ont dit les autorités administratives, avec le tort d'en faire une cause unique,
les populations n'aimaient pas, ne pouvaient pas

aimer leurs dominateurs. Il est bien certain qu'un changement total de ses mœurs, de ses coutumes, de son état social, ne s'impose pas à une population, à une race sans qu'elle oppose à ce régime nouveau une résistance obstinée, même dans la forme passive.

Nous avons la prétention d'apporter aux indigènes de nos colonies un progrès social et moral, en leur imposant, par la force, nos idées et nos lois. Donner à des hommes une foi religieuse, une organisation sociale, des coutumes qu'ils n'ont pas imaginées eux-mêmes, est une entreprise téméraire. A ces nouveautés les convertis, malgré eux, ne comprennent rien. Dans leur barbarie ils trouvaient des joies, des satisfactions que les civilisés leur enlèvent en les soumettant à des règles dont ils ressentent douloureusement les obligations, sans en saisir les avantages.

L'indigène ne savoure pas plus les charmes de la civilisation que le savetier de La Fontaine n'appréciait à l'usage, le bonheur du financier.

Notre erreur, dans cette œuvre de prosélytisme des civilisés, a été complète. Nous avons voulu brûler les étapes suivies par l'évolution naturelle et faire adopter en quelques années, par des hommes demeurés à l'état primitif, des idées que notre race a mis des siècles à acquérir. Nous avons, avec les meilleures intentions du monde, froissé, blessé ceux que nous voulions rendre plus heureux.

L'entreprise de civilisation aurait dû être conduite par des hommes de valeur intellectuelle et morale exceptionnelle. Civils ou militaires n'ont fourni, aux colonies comme ailleurs, que de rares spécimens de ce mérite.

*
* *

En voyant certains agents, chargés de civiliser les
noirs, une caricature de Cham s'imposait souvent
à ma mémoire :

Deux sous-officiers de cavalerie sortent du
rapport :

L'un : « Te voilà chargé d'apprendre l'orthographe aux bleus, que vas-tu faire ? Tu ne sais ni
lire, ni écrire ».

L'autre : « Cela ne fait rien, je suis commandé, je
leur apprendrai l'orthographe ».

Combien de professeurs de civilisation, aux colonies, valent ce pédagogue par ordre ! Ils n'ont
jamais réfléchi à ce que nous, blancs, éprouverions
si, quelque jour, une armée de noirs africains
envahissait notre pays et prétendait nous imposer
ses coutumes et ses lois !

Trop de coloniaux ont voulu jouer les Idoménée et organiser l'existence des indigènes en
faisant table rase de leurs habitudes, de leurs coutumes primitives — barbares, c'est entendu, mais
qui existent et auxquelles ils sont attachés d'autant
plus qu'elles sont en harmonie avec leurs goûts,
leurs besoins, leurs passions.

J'ai vu à Madagascar l'œuvre d'un officier féru
d'organisation rationnelle. Il avait choisi pour édi-
fier une ville, un plateau salubre, mais complètement dépourvu d'habitants. Ces habitants, il les
avait obligés à venir de loin, pour construire
d'abord, puis habiter la ville modèle. Les chefs,
taxés d'après le nombre de bœufs de leur village,
avaient fourni les matériaux et la main-d'œuvre
nécessaires à l'exécution du plan.

Ce plan comprenait une place centrale, vaste, de

forme circulaire, où se dressaient les édifices publics: maisons du chef de poste et de ses officiers, palais de justice, prison, casernes, etc. La ville formait une étoile. De la grande place centrale partaient des rues, chacune consacrée à un corps de métier : bouchers, bijoutiers, tailleurs, agriculteurs, etc... La ville fut peuplée par ordre, une discipline paternelle et prévoyante y régna.

Chaque matin réveil en fanfare, départ en corps pour les champs de culture, éloignés de plusieurs kilomètres. Retour avant la nuit, en corps toujours : devant le cortège des cultivateurs, une fanfare de clairons et de fifres. Retour joyeux par ordre. Tout le monde prenait son repas du soir à la même heure. A 8 heures rassemblement sur la grande place : bal et danses par ordre. A 9 heures, retraite, extinction des feux à 9 h. 30 et sommeil, toujours par ordre.

Ces indigènes ont bien mauvais caractère ! Ils ne goûtaient point du tout cette succession de travaux, de plaisirs réglementés ; ils désertaient Salente et fuyaient vers leur brousse. Trois ans plus tard, je passai dans cette cité modèle : elle était entièrement déserte et tombait en ruines. Idoménée avait eu un successeur moins autoritaire; les indigènes étaient retournés à leurs habitations anciennes.

Ces contraintes agissaient sur l'esprit des indigènes, les poussaient à résister aux prescriptions de l'autorité française, à détester cette autorité comme une tyrannie. D'autres raisons sont venues les aggraver, transformer en insurrection violente et armée une opposition jusque-là latente et passive. Ces causes immédiates de la révolte, extrinsèques comme les nommait l'administration

de Madagascar, peuvent se classer sous trois chefs :
Augmentation des impôts, corvées de routes, agissements tyranniques des Européens fonctionnaires
ou colons.

*
* *

Les colonies, dans l'opinion publique, ou plus
exactement dans l'opinion parlementaire qui crée
cette opinion publique, n'ont jamais été considérées avec faveur. Des campagnes aussi violentes
qu'injustes furent dirigées avec fracas contre Jules
Ferry, un des rares hommes d'Etat dont l'œuvre
coloniale fut au-dessus de la politique de Parti, constamment inspirée par une sagace appréciation des
intérêts de la France. Cette méfiance, sinon cette
haine, à l'égard de notre expansion coloniale, eut
sur l'organisation de nos possessions extra-euro-
péennes, la plus déplorable influence. De ces colonies l'élite de la représentation nationale se désin-
téressa, ici ignorante de questions économiques
intimement liées à la mise en valeur des colonies,
là instruite, mais n'osant en aucun cas remonter
un courant contraire. Le ministère des colonies,
tardivement constitué, fut trop souvent considéré
comme un ministère de passage, où se satisfaisait,
en attendant mieux, l'ambition impatiente d'un
jeune, quand cette fonction n'était pas la fiche de
consolation accordée à un ancien de deuxième ou
troisième plan, ou tout simplement, de la part du
Président du Conseil, la récompense de services
personnels, d'une amitié ancienne.

La mise en valeur des colonies apparaissait dans
les discours et programmes de chaque nouveau
ministre. Ces morceaux d'éloquence s'étendaient
complaisamment sur l'énumération des ressources

naturelles à tirer de notre domaine extérieur, mais demeuraient obstinément discrets sur les moyens de les exploiter.

Ces moyens, c'était principalement l'argent nécessaire à l'organisation administrative et économique de territoires immenses. Mais le ministre des colonies connaissait l'opinion parlementaire traditionnelle : ne pas sacrifier un centime de l'argent de la métropole à pareille entreprise. Tout ce que pouvait payer la France, c'était la solde des troupes coloniales, et non sans protester contre leur action.

Ainsi s'explique que, si longtemps, les colonies aient été administrées militairement. Le coût élevé des soldes aux colonies se dissimulait dans l'ensemble des dépenses du budget de la Guerre, et les besoins de la défense nationale, confondus avec ceux de l'armée elle-même, faisaient supporter, sans trop de protestation, les dépenses militaires coloniales.

Quant aux charges imposées par la création de fonctionnaires civils, par l'organisation des services indispensables : postes et télégraphes, douanes, transports, travaux publics, justice, police, agriculture, mines, c'est-à-dire tous les organes indispensables à la vie d'une collectivité, la colonie devait les payer sur ses ressources propres, sans concours de la Métropole. Le système des militaires improvisés « maîtres Jacques » de l'administration, le système « débrouillez-vous », ne pouvait indéfiniment remplacer une véritable organisation. Quelles pouvaient être les ressources de la colonie, pour faire face à ses dépenses d'organisation? Des impôts directs? Prélevés sur qui et sur quoi?

Dans les colonies nouvelles qui ne sont pas des colonies de peuplement, en raison de leur climat, il n'y a pas de colons, et les rares Européens établis dans le pays, au début de l'occupation demandent à être protégés, c'est-à-dire ne peuvent rien donner au fisc. C'est l'indigène qui doit subvenir aux dépenses de l'occupant, dont il n'a pas sollicité la venue : c'est lui qui fournira l'impôt et l'impôt du type le plus ancien, celui payé par le vaincu à son vainqueur, le tribut, l'impôt par tête, l'impôt de capitation.

A vrai dire, ce mode d'imposition était le seul qu'il fût possible à Madagascar d'établir et de percevoir ; nos procédés européens n'étant pas applicables là où n'existe pas d'industrie, où fonctionne un commerce de type primitif, où le troc est imposé par l'absence de monnaie régulière et le système de la propriété très différent du nôtre. L'impôt ne pouvait être que l'impôt personnel. Les indigènes, d'ailleurs, parfaitement indifférents à l'assiette de l'impôt, ne considèrent que son taux, ne se plaignent que de l'obligation de payer — obligation supportée comme conséquence de la subordination du vaincu à son vainqueur. A mesure que s'organise la colonie, les dépenses s'accroissent et il faut augmenter le taux de la capitation. Ainsi fut fait à Madagascar.

Jusqu'en 1903, l'impôt de la capitation dans les régions sud-est, habitées par les Baras, les Tanalas, les Antaisakas, avait été fixé à 10 francs par tête et par an. Au cours de 1904 les populations reçurent avis que l'année suivante la capitation serait portée à 15 francs.

Quinze francs, c'était une somme énorme pour des gens ne possédant rien que leurs bœufs, dont ils répugnaient à faire commerce. Les fonctionnaires locaux vivant au milieu de ces populations misérables, furent unanimes à protester contre cette aggravation des charges fiscales, décidée à Tananarive par le gouvernement général. Ils ne furent pas écoutés par des bureaux désireux de présenter au ministre un budget avec excédent de recettes, et indifférents aux difficultés rencontrées par les exécuteurs de leurs décisions. Le gouvernement général, d'autre part, jugeait l'esprit des populations du sud-est, d'après les rapports politiques des chefs de province de Farafangana et de Fort-Dauphin. Ces fonctionnaires, pour faire valoir l'habileté, la sagesse de leur gestion, représentaient leurs indigènes comme entièrement soumis. Au moment des premiers actes de rébellion, appuyé sur ces documents, le général Galliéni pouvait, en toute conscience, écrire au ministre que le mouvement insurrectionnel avait éclaté tandis que la tranquillité était absolue et la sécurité entière. Ainsi résumait-il les rapports dans lesquels lui avait été dépeint, par ses agents, l'état de la région.

Aux charges de la capitation s'ajoutait l'impôt sur les bœufs. Très légitime en soi, cet impôt était impopulaire, et parce qu'il pesait sur un bien de nul rapport, et en raison des abus qui en accompagnaient la perception.

Les bœufs à Madagascar, dans le sud plus qu'ailleurs, étaient une richesse ne produisant pas de revenu, quelque chose comme une collection d'objets d'art en Europe. De par le nombre de bœufs possédés s'évaluait la fortune, la situation sociale d'un indigène. De ces bœufs, signe extérieur de son importance sociale, l'indigène ne faisait pas commerce, ne consentait pas à se défaire.

Les jours de grand kabarys, de cérémonies accompagnant la naissance, la mort de quelqu'un des siens, le propriétaire des bœufs en immolait un certain nombre, en proportion tant de la gravité de l'événement que de sa fortune; c'était une occasion de ripailles pour toute une tribu. Sur le seul tombeau d'un chef Antanosy, j'ai compté quatre cents paires de cornes, vestige des hécatombes provoquées par ses obsèques.

L'impôt sur les bœufs était une charge dont les indigènes s'acquittaient en vendant quelques animaux, mais cette réduction de leur troupeau les blessait dans leur amour-propre, les diminuait dans la considération publique, allait contre leurs goûts et leurs coutumes.

Enfin, dans tout le pays bara, le désarmement avait causé une profonde irritation. Le Bara, guerrier, tenait à son vieux fusil à pierre, outil qui garantissait son indépendance et lui facilitait de mauvais coups contre ses voisins : il ne se résigna jamais à rendre ses armes (1), et tout comme la perception des impôts, le désarmement donna lieu à des abus criants commis par les agents de l'administration.

L'indigène n'est point accoutumé au travail. Il passe sa vie dans une inaction presque complète, dont il ne sort que de temps à autre, pour un temps court consacré à la chasse, à la pêche, à quelques cultures. Le climat n'exige pas une alimentation abondante, le sol fournit spontanément des fruits, la température dispense de l'usage de vêtements chauds et d'habitations solides.

____

(1) _L'adjudant de Béon, commandant le poste de Ranotrara, écrivait à propos du désarmement de ses justiciables : « Le Bara tient plus à son fusil qu'à sa femme et ses enfants. »_

Or partout, dès notre apparition dans son pays, l'indigène a été soumis à des travaux pénibles, par réquisition, sans rémunération.

Des réquisitions de travailleurs avaient essentiellement pour but, soit l'établissement de routes, soit le transport d'approvisionnements, soit encore la construction de postes ou le ravitaillement des troupes.

Trop souvent les routes absorbèrent l'activité de nombreux indigènes, recrutés de force, et, je le répète, point payés.

Les déplacements incessants des militaires, le transport de leur matériel, occupaient également, et toujours sans salaire ou pour un salaire dérisoire, de nombreux porteurs. Dès qu'un poste était établi, les indigènes étaient forcés de lui apporter des vivres, et de transférer leur habitation dans son pourtour.

Les réquisitions de travailleurs, pratiquées brutalement, troublaient la quiétude des réquisitionnés, les arrachant à leur village, à leurs habitudes, sans la compensation d'un profit quelconque. Elles déterminèrent partout des résistances, qui amenaient, de la part de l'autorité, des redoublements de rigueur.

Nous allons voir que dans tous les districts insurgés la rébellion connut les mêmes causes, celles que je viens d'indiquer, d'autant que perception des impôts, réquisitions de travailleurs, désarmement, furent exécutés au mépris des prescriptions les plus élémentaires de justice et d'humanité.

CHAPITRE III

Province de Farafangana

Procédés administratifs ayant exaspéré les indigènes. — Comment agissaient :

Vinay à Amparihy, Alfonsi à Iakora, le capitaine Quinque à Midongy, le lieutenant Baguet à Befotaka.

Incidents à Vondrozo :

Responsabilité du chef de province. — Comment étaient accueillies les plaintes des indigènes (affaire Ramalama). — Le gouverneur général laissé dans l'ignorance de la réalité.

La première manifestation de rébellion, l'assassinat du sergent Vinay, se produisit dans le district de Vangaindrano. Vinay, sergent d'infanterie coloniale, avait été désigné comme chef du poste d'Amparihy, directement par l'état-major des troupes d'occupation, en 1901. Au Soudan où il avait servi antérieurement, Vinay, au dire de militaires l'y ayant vu à l'œuvre, avait, dans ses rapports avec les indigènes, montré une brutalité, un autoritarisme étroit, défauts peu compatibles avec les fonctions dont, à Madagascar, l'avait chargé le commandement des troupes. [Il est vraisemblable que les chefs du Soudan, trop bienveillants, mal renseignés, n'avaient pas, dans leurs notes, fourni à l'état-major de Madagascar, les documents qui auraient permis de juger les aptitudes du sergent à l'administration des indigènes. Pendant quelques mois, Vinay eut avec lui un soldat européen, que la maladie éloigna en 1902. Les procédés répréhensibles apparurent dès que, délivré d'un témoin, le sergent put s'abandonner à ses impulsions naturelles.

La rentrée de l'impôt de capitation et de la taxe sur les bœufs était laborieuse dans tout le district de Vangaindrano. L'argent y était rare. La chasse à l'impôt fut ardemment poursuivie dans le secteur d'Amparihy.

Le chef de district de Vangaindrano dans son rapport du 1ᵉʳ trimestre 1904 écrit : « *Quand les miliciens se présentaient aux abords d'un village dans le but d'arrêter les retardataires, ils voyaient ceux-ci disparaître dans les forêts et leurs opérations de police se transformaient alors en véritables chasses à l'homme* ». A l'approche du chef de distric lui-même : *des villages entiers se vident.*

Et pour que dans ce pays sans argent, l'impôt de 1903 ait été complètement couvert en janvier 1904, il avait fallu que « la chasse à l'impôt » ait été ardente. Vinay, dans son secteur, s'y était livré sans mesure.

Quelques exemples, puisés dans la correspondance même du sergent, montrent par quels moyens il assurait le recouvrement de l'impôt. Les chefs de village étaient rendus responsables du non paiement des impôts par les contribuables des agglomérations sous leurs ordres. Dans une lettre du 12 novembre 1902, Vinay rend compte que, des contribuables s'étant absentés de leurs villages pour vendre des bœufs à Fort-Dauphin, il a gardé les chefs en otage, dans la prison d'Amparihy, jusqu'à ce que les absents soient venus se constituer prisonniers. Ce n'est pas seulement le chef de village qu'il rend responsable du paiement de l'impôt d'un retardataire, c'est son parent. Makahay est retenu en prison comme otage de Revotsy, son parent retardataire.

Toute la tribu des Sahafera, qui se révoltera une des premières, ne s'est pas acquittée de la taxe sur les bœufs dans les délais prescrits. Vinay se fait amener les bœufs de la tribu sous prétexte de les marquer, et, afin d'activer le paiement des taxes, en garde une partie au poste.

Ailleurs, à Ambovila, il fait mettre en fourrière les bœufs non déclarés au recensement. Sur cinqante-six bœufs, les gens d'Ambovila en perdent ainsi trente-cinq.

Tout ceci est extrait de sa correspondance avec le chef de district ou de province.

Des témoignages nombreux, concordants et dignes de foi, prouvent que Vinay exigeait souvent d'un indigène une double contribution. Quand un contribuable s'était acquitté sous un nom, il était imposé à nouveau sous un autre, sous prétexte d'une erreur ou d'un oubli dans le recensement des habitants d'un village.

Autre exemple : Le nommé Tsiminby a quitté la région d'Amparihy, s'est fixé à Manantenina, dans le cercle de Fort-Dauphin et y a payé sa taxe personnelle. Vinay écrit à son collègue de Manantenina d'emprisonner Tsiminby et de le détenir indéfiniment ; sa libération encouragerait l'exode des habitants d'Amparihy vers Fort-Dauphin.

L'annonce de l'augmentation de la capitation, portée de 10 à 15 francs dans la province de Farafangana, provoquait en effet le déplacement des indigènes vers la province voisine de Fort-Dauphin, où l'impôt était moins lourd.

Vinay, en toutes choses, agissait en véritable despote. L'emprisonnement était son moyen d'assurer l'exercice de son autorité et de ses fantaisies.

Un chef Tsilefa est allé à Vangaindrano sans prévenir le sergent ; il est puni de 15 jours de prison.

Un autre chef, Tsimiavika, n'a pu arriver à temps à Vangaindrano, où il était convoqué pour un kabary. Il est puni de 8 jours de prison pour n'avoir pas dit au sergent que, se sentant malade, il ne pourrait répondre à la convocation.

Des indigènes retardataires de l'impôt se sont engagés comme porteurs, au service de marchands, afin de gagner l'argent nécessaire au paiement de leurs contributions. Ils sont rencontrés, avec leur convoi, par les miliciens de Vinay. Les miliciens les escortent jusqu'à leur lieu de destination, puis les ramènent à Amparihy où est confisqué le salaire versé par leurs employeurs.

Il faut noter que toutes ces incarcérations prescrites par Vinay étaient illégales. Les peines de prison visées par l'arrêté sur l'indigénat, ne pouvaient être infligées que *par les chefs de province ou de district*. Simple chef de poste, Vinay n'avait point qualité pour condamner un indigène à la prison ; il devait solliciter du chef de district l'application du code de l'indigénat. Comment l'administration supérieure a-t-elle pu tolérer de tels excès de pouvoir ?

Vinay voulait-il un bœuf, quand il ne le prenait

pas parmi ceux mis en fourrière, il l'achetait... au prix fixé par lui. A cette époque, dans la région, un bœuf valait 60 à 70 francs. Quand les troupes s'emparèrent du repaire de Papanga, abandonné par Kotavy, entre autres objets ayant appartenu à Vinay, elles trouvèrent son carnet de dépenses. Écrite de sa main y figurait cette mention : *un bœuf acheté 3 francs.*

Pour amener les villages retardataires à payer leurs taxes sur les rizières et les bœufs, Vinay les oblige à venir à Amparihy vendre du riz et des bœufs aux miliciens qui les achèteront volontiers... on devine si le prix en fut librement débattu entre vendeurs et acheteurs !

On pourrait ajouter d'autres faits semblables, multiplier les exemples d'excès de pouvoir en matière de recouvrement d'impôt, ou de police; on doit ajouter, comme causes de la révolte, les réquisitions excessives de travailleurs.

La création de routes imposa aux populations de lourdes charges dans toute la province de Farafangana. A ces travaux de viabilité, prescrits par l'autorité supérieure, se superposèrent ceux de tous genres dus à l'initiative des chefs de district et de poste. En 1900 les prestations avaient été supprimées et les travailleurs indigènes ne devaient plus travailler gratuitement, mais être payés. Les sommes (nous le verrons en examinant les faits survenus dans le district de Midongy) consacrées à la main-d'œuvre étaient dérisoires et il n'en arrivait que poussière aux travailleurs. Les intermédiaires, interprètes, gouverneurs, chefs de village, s'interposaient entre la caisse et les bourjanes. Certain jour, les chefs, n'ayant rien touché, demandent une gratification ; Vinay (let-

tre du 24 février 1904) leur répond « *qu'ils mettent moins d'empressement à exécuter les travaux
qu'à en réclamer la rémunération* ». Les hommes
n'étant pas assez nombreux, les femmes sont mises
au travail des routes ; les hommes inoccupés dans
les villages sont conduits de force sur les chantiers.
Quelques-uns s'absentent deux jours : ils sont allés
payer leurs impôts à Vangaindrano ; ils en sont
ramenés par les miliciens.

A la main-d'œuvre occupée aux travaux des
routes, s'ajoute celle exigée par les travaux décidés
non plus par le chef de province, mais par le district. Le chef du district de Vangaindrano a besoin
de pièces de bois : Vinay les fait couper dans la
forêt et porter à Vangaindrano, à un jour et demi
de marche. Ce transport est effectué par des individus retenus comme *otages de contribuables
n'ayant pas encore payé leur impôt*. Dans la lettre
d'envoi, Vinay spécifie qu'il n'y a pas lieu de se
préoccuper à Vangaindrano de leur nourriture.
Or, certaines pièces de bois étaient de telles
dimensions qu'il fallait trente personnes pour en
porter une seule et les otages avaient *personnelle-
ment payé leurs contributions*.

Le chef de province a fait construire des routes,
le chef de district couper et transporter des bois ;
le chef de poste, Vinay, impose aux indigènes la
reconstruction de sa case.

Son poste a été dévasté par une tempête violente ; il le fait reconstruire en briques, sans prévoir aucune dépense.

Tous ces travaux absorbent l'activité des indigènes de la région : les commerçants ne peuvent
plus se procurer la main-d'œuvre qui leur est
nécessaire. Le 30 septembre 1904, dans une lettre

adressée aux négociants, dont il était le représentant. Choppy (celui qui fut tué à Manambondrono)
n'a pu vendre beaucoup de marchandises, dit-il, parce
que 280 bourjanes de Manambondrono sont occupés par Vinay au travail des routes ou dans la forêt.

La main-d'œuvre devient rare ; Vinay décide,
afin de se conserver des travailleurs, de garder en
prison les retardataires de l'impôt, une fois qu'ils
se seront acquittés, un nombre de jours égal à
celui qui s'est écoulé entre la date d'incarcération
et la date du paiement.

Vinay a été assassiné avec la complicité certaine
de ses miliciens, et sans retenir certaines violences
non suffisamment établies à la charge du sergent,
la rancune de ses agents s'explique cependant.

Un milicien Rasaka a déserté, à la suite d'une
punition de quinze jours de prison. Vinay décide
qu'il sera mis à la cangue jusqu'à ce qu'il ait payé
une amende de 15 francs et sa taxe de capitation
pour 1904 : on est en janvier de cette année-là.

Rasaka est repris ; il paye, mais il fera trois
mois de prison, en outre, comme punition de sa
désertion. (Lettre de Vinay au chef de district ;
le 19 janvier 1904).

Molestés par Vinay, les indigènes l'étaient de
plus par les miliciens qui, comme tout indigène,
n'usaient de l'autorité que pour leur propre profit.
Ils infligeaient des amendes aux villages par lesquels ils passaient, ligotaient les habitants —
excellent moyen de se faire payer.

Quand un milicien quittait le service par mort,
démission, licenciement, etc., Vinay donnait à son
remplaçant le nom de celui auquel il succédait.
Il n'y avait jamais de la sorte mutation dans le
corps et l'emploi de la solde devenait incontrôla-

ble. En février 1903, Vinay licencie le caporal Miandra, et annonce au chef de district qu'il garde la somme de 7 francs, reliquat de solde dû au caporal.

Les indigènes, suivant une coutume héréditaire, justement combattue par l'autorité, brûlent la forêt ; c'est un incendie préparatoire de leurs cultures. Vinay décide de tirer sur les villages les plus voisins de l'incendie.

Tous ces faits sont d'une exactitude indiscutable, révélés par la correspondance du sergent lui-même. Encore ai-je laissé de côté nombre de témoignages, paraissant véridiques, mais qui seraient suspects à ceux décidés à repousser, comme sans valeur, toute déposition des indigènes.

On se demandera comment Vinay a pu. sans aucun effort de dissimulation de sa part, agir ainsi pendant deux ans, sans provoquer l'intervention de ses chefs.

M. de Juzancourt, chef du district de Vangaindrano, n'a pu ignorer les faits révélés par la correspondance de Vinay. On a reproché à juste titre à M. de Juzancourt de ne pas avoir visiter son district, d'être resté pendant six mois d'affilée à Vangaindrano, de n'avoir pas interrogé, vu les indigènes. Or il n'avait pas besoin de se déplacer pour connaître les agissements de Vinay ; les lettres du sergent l'instruisaient suffisamment.

La vérité est que les agissements de Vinay ne choquaient pas M. de Juzancourt ; les indigènes du poste d'Amparihy étaient traités par Vinay comme ils l'étaient ailleurs, soumis à Amparihy comme ailleurs au régime de bon plaisir : la tyrannie howa, dont nous prétendions libérer les autochtones, se perpétuait.

Midongy

Le district de Midongy fut plus que toute autre région, agité par la révolte. Dès le début l'attaque du poste de Begago, par Befanhoa, déclencha l'action violente de populations depuis longtemps excédées par le régime de fer sous lequel elles vivaient.

C'est dans le district de Midongy que les procédés de violence, le mépris de tous les droits, de toute justice, furent portés au comble en 1903 et 1904.

Les impôts pesaient trop lourdement sur une population sans ressources : de 10 francs, somme déjà trop élevée, la taxe de capitation devait être portée, en 1905, à 15 francs : déjà le recouvrement de la taxe à 10 francs avait été poursuivi avec brutalité. Sous la direction du capitaine Quinque, commandant à Midongy, des chefs de poste se livrent à Ranotsara, Iakora, Soarano, sans relâche, à la chasse à l'impôt.

Dans le territoire du poste de Ranotsara, Repatro est fusillé à Ambatohitrika en 1903. Des reconnaissances parcourent les villages pour activer le recouvrement des taxes. Les chefs de plusieurs villages sont mis en prison jusqu'à ce qu'une partie des habitants ait payé. Des contribuables, dépourvus de numéraire, sont invités à amener leurs bœufs au poste, où le chef les leur achète au prix qui lui convient, soit pour la masse de ravitaillement, soit pour son compte personnel. Les bœufs appartenant à des fugitifs, déserteurs de l'impôt, sont confisqués, amenés au poste ; les villages abandonnés sont brûlés.

Certains chefs, incarcérés comme responsables

du non payement des contributions de leur ressortissants, sont maintenus en prison huit jours après la libération des contribuables en retard. Les villages sont rendus responsables collectivement des taxes des fugitifs. Quelques otages sont maintenus en prison six mois et même un an, jusqu'à recouvrement total des perceptions. Des circulaires prescrivent le versement de la totalité des impôts dans un délai de trois mois, la saisie des bœufs. Lorsque le chef de village était trop âgé, on emprisonnait un de ses parents, plus jeune.

Tous ces faits sont rapportés d'après les correspondances échangées avec le sous-district de Befotaka et les postes de Ranotsara, Soarana, etc.

A Midongy le capitaine Quinque prescrit de ne pas tenir compte des versements partiels que certains indigènes auront pu faire dans d'autres provinces et d'exiger d'eux la totalité de la capitation.

Les Baras du district de Midongy possédaient des armes : sagaies et fusils. Les fusils, à pierre pour la plupart, étaient peu dangereux ; l'autorité militaire voulut les enlever à leurs possesseurs. L'entreprise était difficile, elle se heurtait, nous l'avons vu, à l'attachement de l'indigène pour ses armes, dont la possession était affaire de dignité plus peut-être que d'utilité. Rien n'était plus facile que de dissimuler des fusils, dans ce pays à population clairsemée, dont les rochers, la forêt étaient autant de labyrinthes, inconnus de l'Européen. Le nombre des armes rendues volontairement fut infime. Pour découvrir les fusils cachés, l'autorité dut provoquer les délations des partisans.

Le partisan n'est, à de rares exceptions près, digne d'aucune considération. Indigène, il trahit ses frères, et se sert de son influence sur l'Européen pour satisfaire sa cupidité ou des vengeances personnelles. Nos agents européens sont exposés à commettre les pires maladresses, les plus odieuses injustices lorsqu'ils suivent les indications, les renseignements, soit des partisans, soit des femmes indigènes leurs concubines. Les uns et les autres, malgré leur situation qui les rapproche de l'Européen, demeurent des indigènes et ne sont jamais désintéressés dans leurs rapports ou leur conduite.

Les partisans virent le parti à tirer de la délation. Quand, sur leurs indications, des armes étaient découvertes chez un indigène, ils étaient récompensés par le chef de poste qui leur donnait des bœufs, pris sur le troupeau du détenteur d'armes.

Des patrouilles de tirailleurs indigènes, guidées par les partisans dénonciateurs, commandées trop fréquemment par des sous-officiers indigènes, étaient lancées sur les villages soupçonnés de posséder des fusils. En mars 1904 par exemple, le sergent indigène Faralahy se lance à la tête d'une troupe sur quelques villages. A son apparition les indigènes prennent la fuite : Faralahy fait feu sur eux ; des traces de sang jalonnent la piste des fuyards. La même patrouille poursuit un groupe qui n'avait pas de fusils et tue quatre hommes désarmés. Le sergent européen Philipini, fait grief à Faralahy, non d'avoir tiré sur des hommes sans armes, mais d'avoir gaspillé vingt-six cartouches et demande pour lui une punition. Le capitaine Quinque (lettre du 6 mars 1904) refuse d'infliger une punition à Faralahy : « *la consommation de vingt-six cartouches n'est pas exagérée, et le sergent indigène ne mérite aucune observation.* »

En août 1904, l'adjudant de Beon, commandant

le poste de Ranotsara, rend compte qu'une reconnaissance a ramené douze bœufs (représentant deux amendes de 100 francs — taux de l'amende infligée à des détenteurs d'armes —, ce qui donnerait à chaque bœuf une valeur réellement trop peu élevée de 16 fr. 50). Deux bœufs supplémentaires, confisqués à des indigènes plus riches que les autres, furent donnés en récompense aux partisans dénonciateurs.

Les partisans dénonçaient à tort et à travers, assurés de toucher le prix de leur délation, qui était toujours acceptée par l'autorité et suivie de la reddition de quelque arme. Les indigènes qui ne possédaient pas d'arme, certains d'être punis s'ils n'en apportaient pas au moins une au poste, achetaient un fusil dans le sud de Madagascar, non désarmé. Un véritable commerce s'était établi; un fusil coûtait un et parfois plusieurs bœufs.

On ne s'étonnera pas de cette peur des indigènes dénoncés, quand on connait certaines pratiques employées à l'égard de ceux qui soutenaient ne posséder aucune arme.

L'adjudant de Beon raconte (lettres du 23 août 1904 et 9 septembre 1904) qu'une reconnaissance chez les Ambiliony a forcé les aveux par des moyens qui ne « *sont peut-être pas dans les mœurs Bara* » mais « *avec eux il faut agir ainsi et ne pas avoir regret de la chose faite* ». Pour obtenir qu'un indigène livrât son gendre caché chez lui, dit la même lettre, « *cinq minutes de ficelage ont suffi* ».

Devant une autre reconnaissance, les habitants d'un village, redoutant de tels procédés, s'enfuient: la reconnaissance ramène quinze bœufs. Le sergent indigène fait tirer deux coups de fusil sur un fuyard, l'indigène Tsiatory, mais « *malheureuse-*

ment, dit l'adjudant de Beon, sans l'atteindre ».
Les partisans opèrent parfois seuls ; ainsi deux
partisans rencontrent quatre hommes conduisant
des bœufs : les hommes fuient, les partisans s'em-
parent des animaux, qualifiés « bœufs fahavalos ».

Dans le territoire de Iakora, le sergent Philipini
rassemble la population et déclare à Relalo, chef
de village, frère de Befanhoa, qu'en raison de sa
mauvaise volonté à remettre les fusils et à faire
rentrer ses parents qui ont pris la brousse, il va
être fusillé. Il fait bander les yeux à Relalo. Le
fils de Relalo s'enfuit. Philipini fait tirer une
salve sur ce fuyard qui est tué. Les tirailleurs lui
coupent la tête et les mains. Ce pauvre homme
était le neveu de Befanhoa, qui l'appelait son fils :
c'est celui-là dont Befanhoa reprochera plus tard
la mort au capitaine Quinque.

Une reconnaissance commandée par le sergent
indigène Rainimandrafy est envoyée par Philipini pour rechercher des armes : Rainimandrafy
rapporte deux têtes au poste.

A Befotaka commandait le lieutenant Baguet,
tué plus tard devant Amparihy. En juillet 1904 il
écrit au capitaine Quinque, qu'il a accordé un
délai d'un mois aux indigènes de son secteur pour
rendre les fusils. Ce délai expiré, si le désarmement n'est pas achevé, les chefs seront punis de
six mois de prison, et d'amendes, figurées par leurs
bœufs attribués aux dénonciateurs. Si ces chefs
n'ont pas de bœufs, ils seront incarcérés pendant
six mois de plus.

Les habitants des villages s'enfuient, poursuivis par
les patrouilles qui tirent sur les villages des feux
de salve. Le 10 novembre 1904, les chefs Ivolosy
et Revingo, dénoncés comme détenteurs de fusils,

sont confiés à une patrouille. Ils tentent de fuir. Ivolosy est tué (10 avril 1903). Le soldat Babou est chef de poste à Imandabé : il écrit à son chef le lieutenant Baguet qu'il infligera une amende d'un bœuf par fusil trouvé. Le lieutenant Baguet lui a recommandé de ne pas attacher trop brutalement les bourjanes arrêtés. Babou réplique qu'il n'a que ce moyen pour les faire parler. Le lieutenant Baguet lui répond : « *Il y a un autre moyen de les faire parler, c'est de frapper sur une partie de l'individu que vous connaissez bien et cela ne laisse pas de trace* ». A partir de ce moment le soldat Babou se servit d'un bâton carré en faisant étendre les gens à plat ventre.

Au mois d'octobre 1904, quinze villages zafinparana sont abandonnés d'un coup. Le lieutenant Baguet met cet exode sur le compte du désarmement.

Avec la perception des impôts et le désarmement, les corvées imposées aux indigènes pour la construction et l'entretien des routes ont été une cause de plaintes incessantes et d'exode des populations, soit vers la brousse, soit vers des provinces voisines, où le travail forcé était moins dur.

Un plan de routes très vaste avait été établi par le chef de province de Farafangana, et son subordonné le capitaine Quinque, chef du district de Midongy, développe considérablement ces projets.

Autour du seul poste de Ranotsara, d'après le rapport de son chef, le sergent Philipini, *deux cent cinquante* bourjanes travaillent sur les routes en mai 1904. Le sergent a, quelques semaines auparavant, infligé quinze jours de prison à onze chefs de village qui n'avaient pas répondu assez promptement à la réquisition.

L'adjudant Colomer, à Soarano, fait surveiller les travailleurs employés sur la route Antanjobato-Ivolobe par des tirailleurs et partisans connus pour avoir tué, quelques jours auparavant, le chef Berahany.

En mai 1904 également, le capitaine Quinque donne l'ordre au lieutenant Petitjean, chef du sous-district d'Iakora, de faire construire une nouvelle route d'Iakora à Soarano. D'après le devis du capitaine, quatre-vingt travailleurs seront employés pendant un mois ou six semaines et un crédit de 250 francs ouvert à cet effet. Les indigènes devront fournir environ trois mille deux cents journées pour la somme globale de 250 frs : la journée devra donc être payée 10 centimes. Cette ombre de rémunération permettait d'obéir aux prescriptions du gouvernement général, lequel avait supprimé la corvée et ordonné de payer les indigènes occupés aux travaux publics.

Et cette indemnité dérisoire ne fut même pas versée : cent bourjanes furent employés du 14 mai au 8 septembre 1904 ; ils fournirent vingt et un mille journées au lieu des trois mille deux cents prévues. Pendant que l'importance du travail dépassait les prévisions du devis, le crédit alloué était réduit à 100 francs par le capitaine Quinque, alors que l'allocation primitive était de 250 francs. Il revenait donc à chaque bourjane à peu près 5 millimes par jour. Les malheureux ne touchèrent absolument rien, ces 100 francs de crédit ayant à peine suffi à payer des indemnités aux soldats ou caporaux surveillants.

D'avril à juillet 1904, dans le sous-district de Befotaka, le lieutenant Baguet fait construire plus de trois cents kilomètres de route, dites *filanjana-*

bles, c'est-à-dire permettant le passage du filanjana. Ces routes ont de 1 m. 50 à 2 mètres en dedans des fossés et, en dehors des fossés, 1 mètre ou 2 sont débroussaillés. Pour ces travaux il a été alloué 1130 francs qui ont servi à acheter des outils et à donner des gratifications à quelques chefs. Evidemment les routes sont construites à bon marché : 43 centimes le kilomètre. A Esira, petit poste dépendant de Befotaka, le sergent chef de poste n'a pu amener que trente bourjanes sur les chantiers ; il demande l'autorisation de mettre à la barre le chef Retzambo, pensant ainsi faire venir des travailleurs plus nombreux. Le lieutenant Baguet accorde l'autorisation, prescrit à son subordonné de bien prendre en mains les gens d'Esira et lui envoie, pour payer les travaux, 50 francs à répartir ainsi : 15 francs au caporal européen, 10 francs aux deux tirailleurs surveillants, 25 francs aux trois chefs de tribus ; le reste... (il n'y en avait pas) était destiné aux travailleurs.

En juin 1904, seize villages du district de Bafotaka travaillaient aux routes. Quoi qu'il ait prescrit de secouer très durement les tribus d'Esira, quoiqu'il ait écrit à Ranotsara qu'il n'y avait pas lieu d'écouter les doléances des indigènes à propos des routes « *sinon, disait-il, nous n'aurions qu'à partir* », le lieutenant Baguet ne croyait pas, malgré le mécontentement déterminé par les travaux, à un soulèvement possible.

Fait plus grave : un mépris absolu et scandaleux de la vie humaine s'étale dans toute l'administration du district de Midongy.

Les villages prennent la fuite pour échapper aux corvées, à l'impôt, au désarmement. Des reconnaissances commandées par un gradé indigène, ou constituées par des partisans, sont lancées à leur poursuite. Les instructions données à ces reconnaissances sont résumées ainsi dans une lettre d'un chef : « *Donner la chasse aux bourjanes, brûler les abris, détruire les plantations* ». La chasse consiste à tirer, sur les indigènes en fuite et sans armes, des feux de salve. Ainsi lancées les reconnaissances font feu sur tout être rencontré. Elles deviennent si dangereuses, qu'en mars 1904 le capitaine Quinque prescrit aux chefs de reconnaissance dans l'Ivolobe de ne pas faire tirer trop vite, « *car ils pourraient atteindre des émissaires, qui ont d'ailleurs reçu l'ordre de venir auprès des tirailleurs ou des Européens qu'ils rencontreraient et qui sont prévenus que s'ils prennent la fuite, ils seront poursuivis à coups de fusil* ».

Les reconnaissances tirent sur les femmes, les enfants, comme sur les hommes. Les gens de Bekifafo fuient devant une reconnaissance, ils perdent en route un homme et une femme tués, une femme blessée par les tirailleurs.

Une reconnaissance, commandée par le lieutenant Janiaud, découvre un village dissident, habité par trois hommes et trois femmes. Ils fuient à son approche. Un homme et une femme sont tués, cette dernière par mégarde, dit le rapport, le tirailleur Mahatsanga « *l'ayant prise pour un homme* ».

Une autre reconnaissance aperçoit, devant une grotte, un indigène qui se prépare à fuir : elle tire et le tue, le supposant porteur d'un fusil : il n'avait qu'une angady et deux sagaies.

En septembre 1904, le lieutenant Baguet, cerne, pensant y trouver un assassin, le village de Vangavato. La reconnaissance tire sur les habitants qui fuient à travers les cactus et tue le fils de Tsirefy qui, dit le lieutenant Baguet, « *était d'une nature très douce et n'avait certainement jamais fait de mal à personne* ». Tant pis, « *comme on dit en langage trivial, on ne peut faire d'omelette sans casser des œufs* ».

Mais les indigènes ne sont pas victimes seulement de patrouilles tirant dans le tas, au risque de casser quelques œufs, comme l'écrivait le lieutenant Baguet.

Les exécutions sommaires, sans jugement, sur l'ordre d'un officier, d'un sous-officier, parfois d'un simple soldat, sont de pratique courante.

Le plus souvent l'indigène est tué par un tirailleur, un milicien chargé de sa garde. Le gardien a pour consigne de tirer sur tout prisonnier qui cherche à s'échapper, et les tentatives d'évasion sont si fréquentes que, d'évidence, la consigne véritable est de tirer... sous prétexte que le prisonnier a cherché à fuir.

De Ranotsara l'adjudant de Beon (21 novembre 1904) signale que le chef Tsirafy, détenu pour avoir donné asile à des étrangers, a tenté de s'enfuir et a été tué. Le tirailleur Mary rencontre un indigène sans carte ni passeport : l'indigène fuit, le tirailleur le frappe d'un coup de sagaie ; le fuyard ne s'arrêtant pas est tué d'un coup de fusil.

De Soarano l'adjudant Colomer (1ᵉʳ octobre 1904) annonce que le nommé Remosy, détenu parce qu'il avait changé de résidence, ayant tenté de s'évader, a été tué d'un coup de fusil.

Ce même adjudant (7 octobre 1904) écrit qu'il cerne pendant la nuit les villages où se trouvent des insoumis. Les femmes, les enfants, sont détenus comme otages des maris ou pères absents ; les otages sont prévenus que s'ils sont repris après évasion, ils seront fusillés.

Sous le commandement de l'adjudant Colomer furent fusillés au poste de Soarano, avant la révolte, Tsianatry et Itsioanora, du village de Mananno, en présence de la population d'Iakora (27 août 1903).

Bemovo, du village d'Ambolialia, arrêté pour recel de fusils, tente de s'échapper : il est tué (août 1904).

Remendroka de Berefo et Remosa de Tsahatiana, arrêtés pour cause inconnue, sont fusillés par l'escorte qui les conduit à Ivolobe.

Velomania et un inconnu, inculpés de vols de bœufs, sont envoyés à Befotaka ; leur escorte les tue en chemin.

A Befotaka les chefs Ivolosy et Revingo, dénoncés comme détenteurs d'armes, sont emmenés par une patrouille : ils tentent de s'échapper : Ivolosy est tué.

Befanhoa, l'instigateur de la révolte dans le nord de la province de Farafangana, celle qui devait débuter par l'enlèvement du poste de Begago et le meurtre du sergent Alfonsi, avait été un agent dévoué de l'administration ; il se tourna contre elle pour venger un grief personnel. En septembre 1904 (11 septembre 1904), une reconnaissance fut envoyée par le capitaine Quinque dans l'Ivolobé ; sa mission consistait à s'emparer d'Indrepa et de vingt bœufs. La troupe était commandée par le sergent Beaufas-Morel. Après une marche de nuit, le village de Beampombo, — chef Befanhoa — se trouva cerné avant le jour. Les chiens donnèrent l'alarme, les habitants sortirent de leurs cases, et, terrifiés, s'enfuirent à travers les cactus ou les feux de salve les suivirent. Un indigène fut tué par Beaufas-Morel, deux furent blessés. Vingt habitants, parmi lesquels Befanhoa, furent ligotés et amenés à Midongy avec un troupeau de soixante bœufs.

Le capitaine Quinque infligea à Befanhoa, pour avoir donné asile à des dissidents, une amende de 500 francs, payable dans les 48 heures. Befanhoa n'avait pas à sa disposition une somme aussi élevée ; pour se la procurer il dut vendre quarante bœufs aux commerçants Randriafanana et Iakaditapiana.

Cette amende, le capitaine Quinque n'avait aucunement le droit de l'infliger. Mais il fit mieux : il n'en enregistra pas le versement et la somme illégalement perçue ne figura pas au livre des recettes du district de Midongy. Que devinrent les 500 francs d'amende extorqués à Befanhoa ? Furent-ils employés à des travaux exécutés dans le poste de Midongy ? Furent-ils, comme en a déposé l'interprète Michel, promis aux tirailleurs en patrouille dans l'Ivolobé ? Le capitaine Quinque, pour justifier l'omission de cette recette sur ses livres de caisse, a expliqué que la somme ayant été illégalement perçue, ne pouvait figurer régulièrement en recettes...

Il n'y a qu'une explication satisfaisante : le capitaine Quinque, comme beaucoup de fonctionnaires de cette époque, s'était constitué une *masse noire*, un budget échappant aux vérificateurs. L'amende infligée à Befanhoa n'était pas un fait exceptionnel. Dans le district de Midongy, elle était perçue fréquemment, soit en bœufs, soit en espèces. A Soarano (novembre 1904) l'adjudant Colomer préleva, sur une amende infligée à deux voleurs de bœufs, une vache, un veau et dix francs, le tout ayant dû être remis à des bourjanes qui apportaient des matériaux au poste.

Le 17 février 1904, le caporal Wirth était envoyé pour confisquer des bœufs non déclarés.

Le 5 novembre 1904, à Ranotsara, l'adjudant de Beon inflige une amende de 100 francs, payable dans les 48 heures, à Tsiandika, chef du village de Bereketra, parce qu'il a accueilli un dissident. En outre, Tsiandika est puni de 15 jours de prison.

***

Le code de l'indigénat était appliqué au mépris des prescriptions du décret qui l'avait promulgué. De simples chefs de poste, à Soarana, à Ranotsara, exerçaient une juridiction réservée aux chefs de province et de district ; des sous-officiers, même de simples soldats, comme le soldat Babou, punissaient sans en avoir le droit. L'application des peines était non moins illégalement pratiquée. Le code de l'indigénat ne permettait pas d'infliger plus de quinze jours de prison : les chefs de poste punissaient de trois mois, six mois et même davantage ; l'amende, au maximum légal de cinquante francs, était portée à cent et même cinq cents frs.

Ces agissements des autorités militaires, dans le district de Midongy, ont-il été connus du chef de province commandant à Farafangana, et par lui portés à la connaissance de l'autorité supérieure de Tananarive, du gouverneur général, ou tout au moins de ses bureaux ?

Le chef du district de Midongy dans sa correspondance avec le chef de province, ne dit pas tout, mais il en dit cependant suffisamment pour qu'un supérieur aussi expérimenté que M. Benevent ait pu se rendre compte de la dureté employée à l'égard des indigènes.

Or d'après les ordres et les correspondances du chef de province, d'après celles des chefs de poste du district de Midongy, ces chefs, outre la responsabilité de leurs actes directs, ont assumé celle des sévices exercés sur les indigènes par les partisans sous leurs ordres.

J'ai déjà dit combien était redoutable l'action des partisans, accomplissant les missions dont ils étaient chargés dans leur seul intérêt personnel, violentant, pillant. Ayant l'oreille de l'autorité, ils dénonçaient leurs ennemis comme coupables de détentions d'armes, de fraudes en matière d'impôt, ou se faisaient acheter leur silence. Crus sur parole ils expliquaient, au retour de leurs expéditions, leurs méfaits, les meurtres commis, par la prétendue nécessité de se défendre, ou les tentatives de fuite des gens arrêtés. Ainsi, les chefs de poste, soit par leur propre action, soit souvent par celle des partisans, exerçaient une autorité qui empruntait ses procédés à la tradition la plus barbare.

Des excès commis par les partisans, j'en ai déjà rapporté des exemples ; j'en veux maintenant donner de topiques, parce qu'ils ont été constatés, dénoncés par des officiers eux-mêmes.

Le capitaine commandant à Tsivory en 1904 (aujourd'hui général) adressait au commandant du cercle de Fort-Dauphin, une liste de griefs, dressée contre les partisans de Befotaka par des indigènes de ce district. Ces indigènes s'étaient réfugiés à Tsivory et refusaient obstinément de rentrer dans leurs villages d'origine.

Itsimiejeky, Mahoramby, Isaoka, Ibona, accusés par les partisans de détenir des fusils, ont été arrêtés par le soldat Babou du poste d'Esira. Ils meurent dans la prison de Befotaka à la suite des mauvais traitements infligés par les partisans et les tirailleurs. Ibona avait eu les membres attachés avec des cordes enduites de sel et de piment.

Isoavarina, chef du village du même nom, est dénoncé comme donnant abri à six rebelles. Les partisans le ligotent. Pour ne pas être lié trop durement, Isoavarina leur donne *cinq* bœufs et 35 piastres (175 francs). Les partisans, sous les ordres d'un des leurs, nommé Ibehendy et particulièrement cruel, dirigent les prisonniers vers Befotaka ; chacun d'eux s'adjuge une femme du village. A l'étape, un des rebelles, Antesaka, tue Ibehendy qui a violé sa femme devant lui.

Isambo, dénoncé comme détenant un fusil, est arrêté, maltraité par les tirailleurs Rehavo et Izanga ; il meurt quelques heures après.

Rehevy est accusé d'avoir quitté son village sans autorisation. Arrêté par les partisans Remasa et Ibehendy, il est maltraité en cours de route et meurt en arrivant à la prison de Befotaka.

Ihefondily, dénoncé comme détenteur d'un fusil, meurt dans son village, à la suite des mauvais coups que lui ont portés Remosa et Ibehendy, partisans.

Ivolory, chef de village, est tué par les mêmes partisans, qui prétendent lui faire donner une arme.

Betsiliny est arrêté par Remosa. Ce dernier

le suspend par les pieds au toit de sa case. Il est détaché après avoir remis vingt francs au partisan.

Isoma, arrêté par Remosa, est relâché après lui avoir remis cinq francs et un jeune bœuf.

Idinka est arrêté par le soldat Babou et meurt à Befotaka à la suite de mauvais traitements.

Remihaga est dénoncé comme détenteur d'un fusil. Il meurt dans son village après avoir été roué de coups par le tirailleur Izanga chargé de l'arrêter.

Retsimaty, arrêté par les tirailleurs et les partisans, est attaché avec des cordes enduites de sel et de piment. Ses deux mains depuis lors restent déformées et inertes.

En juin-juillet 1904, Zafindravalo, chef de village du district de Befotaka, avec une trentaine de ses hommes, fuit son village d'Ivangavato et vient s'installer dans le district de Tsivory. Conduit au poste, mis en demeure de réintégrer son village, il s'y refuse, préférant mourir, dit-il. Il y est renvoyé sous escorte.

Renseignements pris, Zafindravalo craignait d'être exposé à la tyrannie du partisan Ibehendry. Ce partisan avait faussement accusé d'assassinat Itsivafy, père de Zafindravalo, puis il avait tué Ifandroata, fils d'Itsivafy, comme ce dernier se rendait à la rizière : il avait ensuite raconté au chef de poste de Befotaka que Ifandroata l'avait menacé de sa hache. Sans examen, le chef de poste l'avait cru sur parole.

Itsiharindrova, dénoncé par les partisans comme détenant un fusil, est frappé par le soldat Babou qui lui casse un bras.

*
* *

Aux exactions et violences imputables aux partisans, on peut ajouter celles commises par des chefs de village, qui ont la confiance des chefs de poste.

Itavokery, chef d'un groupement Androravola, menace cinq de ses hommes de les dénoncer comme détenteurs d'un fusil ; chacun pour obtenir son silence lui donne une vache. Il en va de même d'un chasseur de sanglier, Ikihaka, que le chef accuse de posséder plus d'une sagaie : Ikihaka donne une vache.

Le même chef, *Itavokery*, couche avec une femme du village. Le lendemain il condamne le village, sous prétexte d'une punition infligée par le poste, à lui verser *dix* francs et... à les donner à la femme pour prix de sa nuit.

*
* *

Des chefs de poste brutaux avec les indigènes, laissant la bride sur le cou à leurs hommes de confiance, qui sont des partisans ou des chefs de village, voilà comment, en 1904, dans le district de Midongy, s'exerce l'action civilisatrice de la France.

Le lieutenant Garenne, commandant par intérim le poste d'Esira en avril 1905, s'indignait des agissements des partisans de Befotaka. Ceux-ci, au cours d'une reconnaissance *hors de leur secteur*, avaient : 1° volé quatre-vingt cinq bœufs au village d'Ambarinahary, 2° molesté les habitants, tué d'un coup de talon de hache porté sur le crâne, un vieillard Imaféka (coupable selon le partisan

Ibehandry), 3° blessé de même façon le nommé Remalaza, 4° volé vingt bœufs au nommé Rasiny, d'Amasora, 5° enlevé au village de Belavenoka *six cent trente-quatre* bœufs, 6° brûlé le village de Belavenoka.

Aux formes régulières s'était substitué le régime du bon plaisir. Les délits de droit commun devaient être déférés aux tribunaux indigènes, composés d'un Européen et d'un indigène, sous la présidence au moins d'un chef de district. Cette juridiction n'a pas fonctionné, avant 1905, dans la province de Farafangana et surtout dans le district de Midongy : le tribunal était représenté par le seul chef de poste.

Quelques jours après le massacre de Begogo, deux chefs viennent au poste de Midongy dire qu'ils n'ont en rien participé à l'attaque organisée par Befanhoa. Le capitaine Quinque les fait pendre et le lieutenant Janiaud écrit dans le compte-rendu des événements survenus à Midongy, où il commande par intérim : « *J'ai fait détacher les deux pendus, dont l'odeur devenait insupportable* ». Dans les instructions qu'il donne au capitaine Quinque, M. Benevent, chef de la province, se borne à de vagues recommandations et vraiment trop tardives. Le 22 novembre 1904 *après la rébellion d'Amparihy*, M. Benevent, mettant sa responsabilité à l'abri, écrit à Midongy que « *la répression doit toujours avoir pour compagne la justice et pour conséquence le pardon* ». Le 20 mai 1904, M. Benevent avait prescrit au chef de district de Vangaindrano d'exiger de ses subordonnés beaucoup d'énergie, afin d'assurer la perception des impôts sur la population de la falaise.

Vinay, on l'a vu, se conformait à ces ordres. A

Vondrozo, la province prescrit de ne pas délivrer de passeport aux indigènes se déplaçant pour formuler des plaintes, avant de leur avoir fait payer la taxe de l'année en cours (16 septembre 1904).

On comprend que les indigènes aient rarement exposés leurs doléances, ce qui leur fut presque reproché par M. le secrétaire général Lepreux (V. page 143).

Dans le district d'Ikongo, la population doit construire les logements des fonctionnaires, et les chefs acquitter sur leurs remises d'impôts, les dépenses entraînées par ces constructions (2 août 1904).

L'impôt entre difficilement dans l'Ikongo « *s'il est impossible d'emprisonner trois cents hommes à la fois, écrit le chef de province... les chefs de village devraient être rendus responsables du paiement de la taxe personnelle: c'est le seul moyen qui ait réussi dans les autres districts...* » (7 novembre 1904).

Le chef de la province de Farafangana a dans bien des cas, on le voit, prescrit des mesures que ses subordonnés ont exécutées brutalement. Le chef de la province n'a pas cherché à en connaître plus que ce qui lui a été communiqué, et ni des instructions qu'il envoyait ni des mesures d'exécution qui étaient prises, il n'a, dans ses rapports officiels, donné au gouvernement général la véritable figure. S'il avait voulu regarder, il aurait appris autre chose que ce qui lui était rapporté officiellement.

Ce que nous savons des agissements du sergent Alfonsi, massacré à Begogo, ce qu'en savait le capitaine Quinque, ce qu'aurait pu connaître M. Benevent, s'il en avait eu le désir, et aussi démonstratif des procédés d'administration usités dans cette région et à cette époque.

En juin 1903, le sergent Alfonsi avait pris, par intérim, pendant l'absence du lieutenant titulaire, le commandement du sous-district de Iakora.

Quelques jours après il envoyait en mission à Refaty l'interprète Ignace Rahaga, chargé d'amener les contribuables retardataires à payer leurs taxes.

Pendant l'absence de l'interprète, Alfonsi pénètre dans sa case et violente sa femme. Cette femme s'échappe hors du poste : le sergent la fait ramener par deux tirailleurs. En rentrant à Iakora, Ignace apprend ce qui s'était passé et refuse de servir d'interprète. Alfonsi le frappe et le tient en prison pendant trois heures. Rahaga adresse une réclamation au lieutenant Petitjean, pour l'instant chef du poste de Midongy, et refuse de se rendre au bureau. Nouvelle scène avec Alfonsi : l'interprète part pour Midongy.

En route, une lettre du lieutenant Petitjean, accueillant sa réclamation, parvient à Rahaga. Celui-ci rentre à Iakora où le sergent, furieux d'avoir reçu du même officier de vifs reproches, se venge sur le porteur du courrier qu'il jette en prison après l'avoir roué de coups.

En juillet 1903, Alfonsi récidive ; il se fait amener la femme de l'interprète par deux hommes de garde : nouvelle réclamation de Rahaga. Le lieutenant Janiaud, chef du poste d'Iakora, renvoie, par mesure disciplinaire, Alfonsi à sa compagnie, à Midongy.

Les chefs indigènes de canton, Jameson et Velonahady, portèrent également des plaintes contre Alfonsi. Il leur aurait un jour, publiquement, frotté la bouche avec du crottin de mulet ; à Jameson parce qu'il manquait trois bourjanes sur le nombre réquisitionné ; au second parce qu'il n'avait pas rapporté du paddy et des poules.

C'est cet homme, dont le moins qu'on puisse dire est que sa moralité n'était pas compatible avec l'exercice d'une autorité, que le capitaine Quinque, son capitaine, au fait de toute sa conduite antérieure, désignait en octobre 1904, après l'amende infligée à Befanhoa, comme chef du poste de Begogo. Il l'amena à Begogo et le présenta à la population, — en grande partie composée des parents et bourjanes de Befanhoa — comme celui qui saurait les « mater ».

Comment à Farafangana, à Tananarive surtout, l'autorité eût-elle pu contester le choix d'Alfonsi comme chef de Begogo, alors que par un ordre du 5 juillet 1904, le capitaine Quinque porte à la connaissance de la compagnie *« les propositions qu'il a faites au titre de l'inspection générale, en faveur des officiers, sous-officiers et tirailleurs de la compagnie et qui ont été adressées à M. le lieutenant-colonel commandant le 2ᵉ régiment de tirailleurs malgaches »* ?

Voici ces propositions :

Pour adjudant, les sous-officiers :

Vinay, sergent.

Alfonsi, sergent.

Beaufas-Morel, sergent.

Pour la médaille militaire :

Vinay, sergent.

Alfonsi, sergent.

Beaufas-Morel, sergent.

Si les supérieurs du capitaine Quinque n'avaient connu Vinay, Alfonsi, coupables des agissements les plus condamnables, que par les propositions flatteuses de leur chef, ils auraient été excusables de les avoir soutenus. Malheureusement il est établi que M. de Juzancourt connaissait, par sa correspondance, les agissements de Vinay et M. Benevent ne pouvait ignorer ce qu'étaient exactement Vinay et Alfonsi.

District de Vondrozo

Exposer les agissements des autorités dans le district de Vondrozo serait répéter le récit de ce qui se passait à Vangaindrano et à Midongy : patrouilles tirant dans le tas sur les indigènes, emprisonnements, amendes, exécutions, etc. Je ne veux retenir qu'un épisode caractéristique des mœurs administratives.

Ceci se passait en septembre 1903. A cette date le poste de Vondrozo était commandé par un chef intérimaire, le lieutenant Bourès, seul Européen présent et qui, débutant dans la vie militaire, exerçait pour la première fois des fonctions administratives. L'indigène de confiance du chef de poste était un nommé Tiavanga.

Partisan des premiers jours, Tiavanga s'était distingué comme le plus actif auxiliaire de l'administration dans le désarmement du district de Vangaindrano. Par ses délations, ses vols de bœufs, ses violences, il était devenu la terreur des villages.

L'autorité de Tiavanga s'imposa d'emblée au lieutenant Bourès. Au dire de Tiavanga, un très mauvais esprit régnait dans le clan Vohilakatza, qui n'avait pas payé ses impôts. L'arrestation de dix-sept petits chefs de ce clan fut décidée ; ils demeureraient emprisonnés à Vondrozo jusqu'à ce que leurs ressortissants aient versé le montant de leurs contributions.

Quand les dix-sept hommes arrivèrent à Vondrozo, la prison était pleine, il n'y avait pas de place pour eux. Ils furent descendus dans un silo, en compagnie de voleurs de bœufs. Le silo contenait vingt-cinq prisonniers qui y passèrent la nuit.

Les tirailleurs chargés de la surveillance, fermèrent l'ouverture du silo avec des planches, sur lesquelles ils se couchèrent. Au matin les planches furent enlevées : un silence absolu, troublé seulement par quelques gémissements, régnait dans le silo : sur les vingt-cinq occupants, vingt étaient morts asphyxiés.

Cet événement détermina une vive effervescence dans la région ; des murmures s'élevèrent, le lieutenant Bourès s'alarma, se rendit dans les villages, distribua quelques piastres, s'efforça de calmer les esprits, rejetant sur Tiavanga, son subordonné. la responsabilité de l'arrestation des chefs et de leur détention dans le silo.

Malgré ses efforts, l'émoi persistait. Le lieutenant se rendit à Farafangana, auprès du capitaine Dardaine, alors chef de la province. Que se passat-il entre ces deux officiers ? Aucun document n'a été trouvé relatif soit à leur entrevue, soit à l'événement qui l'avait motivée.

Le lieutenant Bourès revint à Vondrozo. Le lendemain il fit appeler le sergent comorien Ossoüfi; lui ordonna de s'assurer de Tiavanga, de le conduire à Faranfangana et ,de la tuer... s'il tentait de s'évader. Ossoufi, à quelque distance du poste de Vondrozo, abattit Tiavanga d'un coup de fusil.

De ces incidents : mort de vingt indigènes

asphyxiés dans leur prison, exécution du partisan Tiavanga, nulle trace ne fut trouvée dans les rapports, soit du chef de district, le lieutenant Bourès, soit du chef de le province, le capitaine Dardaine ; les faits furent soigneusement dissimulés au gouvernement général.

Nous avons vu les prescriptions de la province de Farafangana relatives aux indigènes demandant des passeports, en vue de porter plainte auprès des autorités supérieures. Ces passeports ne devaient être délivrés qu'aux plaignants ayant payé la totalité de leurs impôts. C'était mettre un obstacle grave à la liberté des indigènes qui avaient des griefs à exposer.

Quand ces griefs étaient patents, l'histoire du gouverneur indigène Ramalama montre comment satisfaction était accordée à des plaintes reconnues légitimes.

Dans le district de l'Ikongo, le commandant de la province de Farafangana (en 1903) avait donné aux Tanala de la forêt un gouverneur indigène, né dans le pays : Ramalama. Comme tout noir investi d'une autorité, Ramalama ne l'exerçait qu'à son profit personnel : l'exaction était la raison de son administration.

Habitués à la tyrannie, les Tanala supportèrent d'abord avec patience les fantaisies de leur gouverneur, puis, excédés, adressèrent au chef de la Province de nombreuses plaintes. Quarante-deux de ces plaintes, dit un rapport officiel, reconnues en partie fondées, relevaient des violences, des exactions de toutes sortes commises par Ramalama (août 1904). Que fit M. Benevent, chef de la province de Farafangana, à qui une enquête avait dévoilé la conduite habituelle du gouverneur indigène ?

Un de ses rapports nous renseigne.

« *Ce gouverneur,* écrit là Benevent dans un rapport au gouverneur général, *a commis des abus graves, mais nous ne devons pas oublier que le plus grand grief contre lui, c'est d'être notre auxiliaire. Les gens ne lui pardonnent pas qu'il nous ait conduits autrefois dans leurs repaires les plus reculés* ».

Une anodine lettre de blâme fut adressée à Ramalama ; et ce fut tout en ce qui le concernait : il demeura gouverneur indigène et put, à son aise, sévir contre les plaignants qui lui étaient connus.

Par contre, comme l'agitation contre lui ne cessait pas, que les indigènes tenaient des kabarys, on renforça les postes de milice de la région. Cinquante-six miliciens de plus, répartis entre les postes de Fort-Carnot et Ankarimbelo, garantirent à Ramalama l'exercice de son autorité.

Comme on conçoit que les indigènes, ce que leur reprochait M. Lepreux, n'aient pas eu assez de confiance dans l'autorité, pour se plaindre !

*
* *

Cette énumération de faits criminels un peu fastidieuse et pénible, décevante pour les Français qui croient à notre colonisation civilisatrice, preuve combien, dans le sud-est de Madagascar, jusqu'en 1905, la conception de l'autorité administrative, quant à ses rapports avec les indigènes, fut scandaleuse. Dans la province de Farafangana, les occupants agirent comme, avant eux, avaient agi les dominateurs howas. Au changement de maîtres, l'indigène ne gagna rien. Les exigences des européens, justes ou non, leurs règlements, s'imposaient uniquement par la force arbitrairement employée.

La révolte n'eut pas d'autre cause que les excès de l'administration.

Evidemment, les indigènes abhorraient l'autorité française, et comment auraient-ils pu ne pas l'abhorrer tandis qu'ils souffraient de sa brutalité?

Mais la haine de l'indigène n'est pas à attribuer uniquement, comme le voulait la théorie administrative, à une haine de race : sa source était dans les agissements d'une autorité despotique.

CHAPITRE IV

Cercle de Fort-Dauphin

Procédés administratifs dans le cercle de Fort-Dauphin : Le désarmement - L'impôt - Les corvées - Exécutions sommaires.

La responsabilité supérieure de ces faits remonte au gouvernement et au ministère des colonies.

L'insurrection s'était étendue dans le cercle de Fort-Dauphin, à la suite des événements d'Amparihy. Comme à Farafangana, à un moindre degré peut-être, les populations avaient souffert d'abus d'autorité depuis plusieurs années.

Le désarmement avait été poursuivi avec moins de sévérité que dans le nord, mais il avait tout de même irrité des indigènes déjà fatigués par les travaux de routes et effrayés par quelques exécutions sommaires.

Jusqu'en mai 1903, des gratifications étaient accordées aux travailleurs des routes ; à cette date elles furent supprimées.

Il est ordonné aux indigènes d'apporter aux postes la cire récoltée par eux et qui sera vendue par les soins de l'administration pour le compte des récoltants. Certains chefs en livrent trente kilogs ; il leur est rappelé qu'ils en doivent cent cinquante, et le kilog est payé 2 fr. 92. Ce prix est entièrement avantageux pour les commerçants amis de l'administration; il leur permet d'obtenir un produit valant cinq fois plus. Les indigènes se sentent lésés et accusent l'administration de faire, à leurs dépens, l'affaire des traitants.

Le R. P. Chaumeil obtient de l'autorité des indigènes prestataires et des prisonniers, qu'il destine à construire l'Eglise de Ranomafana (8 février 1901, 14 juin 1901, 20 août 1903, 20 octobre 1903).

Le milicien Remonja est déserteur : le commandant du cercle ordonne d'emprisonner sa famille (9 février 1901). Le sergent Arberet, chef du poste d'Esira, propose de faire passer par les armes, *sans jugement*, Zanika et Tsironka prévenus d'assassinat ainsi que leurs complices. Le commandant du cercle approuve l'exécution (9 juillet 1900).

Un milicien déserteur Imako est arrêté pour vol de bœufs ; il sera exécuté quand il aura donné les renseignements qu'on attend de lui — ordre du cercle (21 juin 1900).

La femme d'un caporal du poste de Manantenina est punie de salle de police (17 mai 1902) sans indication de motif.

Tsirofy, âgé de 50 ans, n'a jamais payé ses impôts ; il est arrêté « *comme accusé de n'avoir pas voulu reconnaître notre autorité* ». En raison de son âge, le lieutenant Pethelat « *ne sait encore s'il le fera passer par les armes, comme il en a parlé au cercle* » (28 octobre 1900).

Un nommé Rehalimanana est soupçonné d'avoir commis un assassinat. Le lieutenant Pethelat donne l'ordre au sergent Becker de procéder à un supplément d'enquête et « *le cas échéant de passer Rehalimanana par les armes, sans attendre les ordres du cercle et afin d'éviter une évasion* » (9 décembre 1900). Ainsi un simple sergent, transformé en juge, est nanti du droit de vie ou de mort !

Des renseignements signalent un projet de soulèvement de la tribu Romeloka. Une reconnaissance lui confisque cent vingt-cinq bœufs. Le lieutenant Pethelat propose de les distribuer aux tribus amies (5 et 8 janvier 1902). Finalement cinquante-trois bœufs sont donnés aux miliciens et partisans ; soixante-treize aux habitants amis.

Si les prisonniers s'évadent ou si des individus recherchés ne sont pas retrouvés, leurs parents sont emprisonnés à leur place (14 et 19 novembre) (7 et 29 mars-mai 1903).

Ketoka et Rakafy n'ont pas acquitté leurs contributions ; le père du premier, le frère du second, sont emprisonnés (18 et 24 septembre 1903).

Deux prisonniers au titre de l'Indigénat se sauvent : l'un, Rabé, est tué d'un coup de fusil ; l'autre, Ifanarena, est repris et offre de payer sa taxe pour 1902, mais comme à ce moment cet exercice est clos, (février 1903) il est retenu quinze jours en prison (19 février 1903).

Des exécutions sommaires étaient fréquemment pratiquées à Ranomafana par les soldats de la légion étrangère : Depienne, Lesiret et Gervais. Le chef Makaly d'Androkabé fut impliqué dans un complot, dont l'existence avait été révélée par le R. P. Coindart. Depienne le fusilla pendant qu'au sixième jour de son incarcération, il accomplissait une corvée de salubrité.

Un milicien, s'étant absenté sans autorisation, est condamné à six mois de prison : il s'évade. Le milicien Befanoza, de garde au moment de l'évasion, est exécuté par ce même Depienne.

Behanova a volé quatre bœufs du poste ; il est

jugé et fusillé par le sergent Chabert sur l'ordre du lieutenant Julien.

Le lieutenant Conchon, massacré sur sa concession l'Emeraude, qu'il partageait avec le lieutenant Garenne, était dur à l'égard des indigènes et avait la réputation de les mal payer, de retenir, par des amendes, la plus grande part de leurs salaires. Contre MM. Conchon et Garenne, le véritable grief des indigènes était que la concession leur avait pris les terrains de culture leur appartenant. De nombreux habitants d'Isaka avaient dû partir chercher ailleurs des terres en remplacement de celles données à MM. Conchon et Garenne, installés officiellement dans leur concesssion par l'administration.

Des dépositions d'indigènes, mais sans qu'elles soient appuyées par des pièces incontestables, feraient supposer que le sergent Pietri à Esira se conduisait en despote comme Alfonsi à Iakora, et que sa mort aurait été le fait d'indigènes molestés par lui, et de vengeances de maris.

On comprend dès lors que Mahavelo, le principal meneur des révoltés de Fort-Dauphin, n'eut aucune peine, instruit des affaires d'Amparihy, à déterminer les indigènes de la région à une action violente contre une administration oppressive.

Les auteurs des violences, des brutalités, des crimes même, rapportés dans cette histoire, sont-ils sans excuse ?

A défaut d'excuses, au moins des circonstances atténuantes peuvent être invoquées en leur faveur.

La responsabilité supérieure est celle du ministère des colonies, ou plus haut encore du gouvernement français.

Devant le Parlement, devant l'opinion française, le gouvernement français affirmait, au nom d'un principe primordial de sa politique coloniale, qu'il poursuivait, autant qu'un but économique, la civilisation des peuplades auxquelles il imposait une autorité toujours éprise de justice et de bienveillance. En même temps, harcelé par une opinion stupidement anti-coloniale, — opinion entretenue par des autorités qui excellaient dans le paradoxe — le gouvernement érigeait en principe financier que les colonies se suffiraient à elles-mêmes, trouveraient chez elles les ressources indispensables à leur administration et à la confection de leur outillage économique. La Métropole consentait uniquement à couvrir les frais des troupes d'occupation.

Le résultat de cette conception fut que la chasse à l'impôt devint le but de l'administration et que cette chasse, dans les premiers moments de l'occupation, s'organisa militairement. Le gouvernement français se proclamait indigénophile, prétendait s'associer les indigènes. En pratique, cette indigénophilie se traduisait par des charges fiscales, des réquisitions de travail imposées aux indigènes, sans compensation visible pour eux. Le fonctionnaire, l'officier, était d'autant mieux noté que son district payait plus rapidement et davantage.

Comment des sous-officiers ignorant tout en matière de droit et d'administration, habitués à imposer leurs ordres grâce à une discipline maintenue à coups de salle de police et de prison, auraient-ils pratiqué à l'égard des indigènes une administration exercée par d'autres moyens que

ceux sur lesquels reposait l'autorité de leur grade?
Par cette tournure d'esprit des chefs de poste,
s'expliquent les rigueurs exercées contre les indigènes réfractaires à l'impôt, la pluie des journées
de prison, l'abus des corvées de portage, de construction des routes.

Le chef isolé, unique Européen dans son poste,
manquant d'éducation, de culture, dénué de vie
intérieure, initié à l'administration indigène par
les enseignements de supérieurs fauteurs d'erre-
ments condamnables, abrité de tout témoin dangereux, se transforme aisément en tyran pour peu
qu'il y soit poussé par une nature grossière.

Et alors ce ne sont pas seulement de la prison,
que pâtissent les indigènes : le chef désorbité
torture et tue. Les indigènes qui jugent, à tort,
tous les Européens d'après ceux dont ils souffrent,
n'osent se plaindre. Le chef coupable ne rend
naturellement pas compte de ses actes répréhensibles, et parfois, quand il en avertit un supérieur,
ce supérieur ne voulant pas d'affaires ou contem-
plant son propre passé, garde le renseignement
pour lui.

Le général Galliéni fut ainsi laissé dans l'ignorance absolue des agissements de certains agents
employés dans la région révoltée. Bien plus, pour
certains d'entre eux, les plus coupables, leurs chefs
directs proposaient des récompenses et des
promotions.

Une dernière critique me sera adressée, j'en suis
certain : je serai accusé d'anti-patriotisme ; j'aurai,
vis-à-vis de l'étranger, déconsidéré l'œuvre coloniale française.

Cette critique aurait quelque valeur si les pratiques coloniales que j'expose étaient spéciales à

la colonisation française, et n'étaient suivies plus constamment et plus gravement encore par d'autres nations, si l'hypocrisie des gouvernements n'était pas générale, érigée en quelque sorte en système. En dehors de la France, quelles sont les nations colonisatrices ? Ce sont : l'Angleterre, les Etats-Unis. Ce fut l'Allemagne.

Si l'Angleterre se voilait le visage, à l'aspect de certains de nos faits et gestes coloniaux, comme il serait facile d'arracher ce voile et de la regarder en face, de lui rappeler l'Inde et ses famines, la répression féroce de l'agitation Gandhiste, la façon dont elle traite l'Egypte, la haine que lui ont vouée les noirs d'Afrique, la révolte actuelle de l'Ouest Africain ex-allemand, etc., etc...

Humanitaire, l'Angleterre presbytérienne l'est, c'est entendu. Elle fondait une association protectrice des noirs du Congo, mais laissait crever l'Inde de misère. Ses missionnaires prêchent l'émancipation des noirs... chez les autres.

Si les Etats-Unis s'indignent, nous en appellerons aux Philippines et aux habitants d'Haïti, aux noirs même, citoyens des libres Etats-Unis. Ce que j'ai voulu, c'est rappeler les races civilisées, qui se disent supérieures, à leur devoir de justice et d'humanité à l'égard de leurs frères considérés comme inférieurs, parce que non parvenus au même degré de progrès matériel.

Ce livre n'a pas d'autre but que celui de dresser l'opinion contre des pratiques aussi dangereuses pour nos intérêts que honteuses pour notre renom.

Pratiques honteuses, parce qu'en opposition absolue avec les programmes affichés; dangereuses parce qu'elles éloignent de nous les indigènes, pourtant indispensables collaborateurs dans la mise en valeur des colonies. Ainsi elles retardent le moment où nous viendra leur collaboration volontaire, autrement plus active et efficace que le labeur imposé par la cruauté et les rigueurs.

Si, au lieu de politiciens, qui prennent le ministère des colonies comme un premier échelon dans leur ascension; si, au lieu d'orateurs qui se payent et payent l'opinion de mots, le ministère des colonies, — ministère technique s'il en fut —, était quelque jour mis entre les mains d'un homme joignant aux connaissances pratiques indispensables, une volonté capable d'imposer une conduite administrative en accord avec les principes, tout changerait... mais peut-on l'espérer ?

Pensons tout de même que quelque jour viendra ce ministère, que le pouvoir lui appartiendra le temps nécessaire, ce temps indispensable pour lui permettre tant d'imposer ses vues aux mauvais bureaux de l'administration centrale, que de les faire comprendre et réaliser par tous les fonctionnaires, jusqu'au fond des brousses lointaines !

CHAPITRE V

Conclusion

I — *L'erreur fondamentale de notre politique coloniale indigène.*

II — *La collaboration de l'indigène est nécessaire, voire indispensable à notre œuvre coloniale.*

III — *Cette collaboration n'existera que si l'indigène en perçoit l'avantage pour lui.*

IV — *L'utilité condamne, aussi bien que la morale, les violences et l'oppression exercées sur les indigènes.*

V — *Les méthodes de justice, de douceur. de patience sont plus sûres et plus rapides dans leurs effets que les méthodes de violence.*

Les procédés de violence, les méthodes tyranniques dont l'exposé et les conséquences ont été l'objet de ce livre, constituent non seulement des crimes, considérés du point de vue de l'humanité et de la civilisation, mais des fautes en opposition grossière avec les intérêts matériels de la colonisation.

Dans les régions intertropicales, je ne saurais trop y insister, l'œuvre de colonisation, l'utilisation des richesses naturelles, exigent le concours des indigènes. L'Européen colonisateur ne peut, en raison du climat, se livrer régulièrement à un travail manuel ; il ne peut que surveiller et diriger; l'exécution repose entièrement sur les naturels du pays.

La première préoccupation de l'administration coloniale sera donc nécessairement celle de déterminer les naturels à collaborer, par leur travail, à la mise en valeur de leur pays. La politique suivie à l'égard de ces naturels, *une bonne politique indigène*, est la base de toute colonisation. Ainsi se trouve-t-il que le respect des principes d'humanité et de justice constitue le moyen le plus sûr d'assurer les intérêts matériels.

Or ce qui s'est passé avant 1905 à Madagascar, ce qui s'est passé en Indo-Chine, pendant les premières années de l'occupation, ce qui se passait hier encore en Afrique équatoriale, en Afrique occidentale, était contraire aux préceptes de la justice, de la civilisation la plus élémentaire, par conséquent en opposition absolue avec les intérêts matériels de la colonisation.

Il serait trop commode, en vérité, pour les dirigeants métropolitains, pour le gouvernement, pour le ministère des colonies, de rejeter sur des fonctionnaires locaux subalternes, la responsabilité totale des actes criminels dont ont pâti les indigènes.

Le gouvernement ne pourrait se laver les mains de ces actes, parce que quelque jour un Toqué ou un Gault aurait payé pour un scandale trop bruyant. Les subalternes, boucs émissaires, ont été coupables, c'est certain; ils méritaient d'être punis, mais leurs fautes, nous devons le reconnaître, découlaient, pour une forte part, de la conception coloniale du gouvernement métropolitain.

Cette conception, je l'ai déjà dit, était simple et... ménagère des deniers de l'Etat : les colonies ne devaient rien coûter à la Métropole et trouver chez elles les ressources nécessaires à leur organisation. Au contribuable français on demanderait uniquement les sommes employées à l'entretien d'effectifs militaires. Tout le reste : traitement des fonctionnaires civils, crédits destinés à la police, à la justice, aux travaux publics, à tout ce qui constitue l'administration, à tout ce que coûte l'outillage économique, devait être payé par les revenus des colonies elles-mêmes, *c'est-à-dire, je ne saurais trop le répéter, par les impôts exigés des indigènes, directs ou indirects.*

De cette conception simpliste est résulté que partout la chasse à l'impôt fut l'occupation incessante primordiale des fonctionnaires locaux. L'indigène est pressuré pour qu'il fournisse l'impôt en argent, pressuré pour qu'il apporte l'impôt en nature ; c'est lui qui doit assurer les corvées de travaux publics, livrer à bas prix des denrées alimentaires, etc., etc.

Ce système, très naturellement, a partout éloigné l'indigène de l'Européen, quand il ne l'a pas transformé en révolté. Cet Européen, comment l'indigène pouvait-il le voir sans haine ?

Hier le naturel vivait tranquille dans son village, travaillant uniquement pour ses besoins, c'est-à-dire travaillant peu dans un pays où souvent les produits presqus spontanés du sol suffisent à la nourriture, dans un pays où la chasse, la pêche sont fructueuses, où le climat rend inutiles les vêtements et les habitations confortables.

Ce naturel a vu arriver dans son pays des étrangers qui, du jour au lendemain, réclament de l'argent, rare chez lui, imposent des travaux de route, réquisitionnent des porteurs de bagages, des aliments, et ne lui donnent rien en échange. Comment ne verrait-il pas en cet étranger un ennemi, un oppresseur ? En quoi lui paraît-il différent des ennemis séculaires, qui venaient faire razzia de ses cultures, de ses femmes, de ses enfants emmenés en esclavage ?

Oh ! je sais, les colonisateurs européens prétendent avoir rendu aux indigènes des services compensateurs des obligations à eux imposées ; ils leur ont apporté les principes de la civilisation au point de vue moral, l'instruction et l'assistance médicale au point de vue matériel.

Il reste à démontrer dans quelle mesure ces bienfaits matériels : instruction, assistance médicale, ont été réalisés. Quelques chiffres ne sont pas inutiles.

Voici une colonie administrée sous les auspices de la Société des Nations (1) : les indigènes, sur une somme totale de recettes de 7.370.000, versent annuellement 6.000.000 au minimum. Les dépenses de l'assistance médicale s'élèvent, avec celles de l'instruction publique à 893.000 francs ; ce qui représente 1,3 % des impôts versés par les indigènes. Et si l'on veut bien remarquer que assistance publique, instruction ne sont organisées que dans les régions occupées depuis longtemps, considérées comme tranquilles, c'est-à-dire exécutant tout ce qui leur est demandé et prescrit, on concevra que dans les circonscrip-

____

(1) 1921.

tions moins soumises, les imposés ne reçoivent aucune compensation des contributions en espèces ou en nature exigées d'eux. Au lieu d'apprivoiser l'indigène on veut le dompter. On commence par où l'on devrait finir ; on lui impose des impôts, des corvées, puis on lui donne parcimonieusement l'assistance médicale, l'instruction, alors qu'il fallait l'attirer par des avantages, et ne lui réclamer sa part de contribution qu'après lui avoir montré les bénéfices d'une entente avec nous. Pour moi du moins, c'est ainsi que je conçois les procédés de notre œuvre de colonisation.

La colonisation s'explique par la nécessité où sont les nations évoluées (fonction du progrès matériel scientifique), de mettre en valeur des richesses que des populations demeurées en dehors de ce progrès laissent perdues pour le bien-être général de l'humanité.

A la base de toute colonisation est un but, celui de profit. Mais ce profit ne doit pas être obtenu au détriment de qui que ce soit; la race colonisatrice et la race colonisée doivent en tirer bénéfice.

Nous considérons à juste titre que la civilisation consiste, avant tout, dans le respect et la garantie de la vie humaine, et dans le respect et la garantie de la propriété. Sur ces principes nous ne pouvons pas transiger, et nous sommes en droit d'en imposer le respect partout où nous sommes assez forts. Dès occupation par nous d'une terre nouvelle, d'une colonie, nous nous devons, nous devons à l'humanité, de les faire triompher. Ainsi nous supprimons les guerres de tribu à tribu, les vols à main armée, les rapts, l'esclavage. En étendant le domaine de la civilisation, nous apportons à des arriérés les premiers bénéfices de cette civi-

lisation: le respect de la vie, de la liberté individuelle, de la propriété.

Cependant les primitifs ne comprennent pas
aisément les avantages de nos idées et de nos pratiques ; beaucoup regretteront les mœurs auxquelles il leur faut renoncer. Les instincts de violence, de rapine s'insurgeront contre ces lois
sociales; il faudra donc employer la force et j'en
reconnais la nécessité, tant que les résistances se
manifesteront. Cette force sera mise en action sans
faiblesse, mais aussi sans excès. Il ne serait pas
plus raisonnable de faire du sentiment pendant la
bataille que de la brutalité après la victoire.

L'utilité de l'intelligence, du sang-froid, dans l'administration coloniale, se révèlent quand, l'œuvre
militaire terminée, l'ordre, la sécurité étant assurés, il s'agit d'amener les indigènes à collaborer
avec les occupants, en leur faisant sentir les bienfaits qui résultent de notre présence.

Quelques-uns apprécieront assez vite le bien-être
dû à la tranquillité, à la sécurité.

Il sera plus difficile de leur prouver les avantages du travail. Dans l'esprit des administrations
coloniales, l'impôt, à côté de son rôle fiscal, doit
contribuer à pousser le naturel au travail, par la
nécessité de se procurer l'argent exigé du contribuable. Reconnaissons qu'un résultat dans ce sens
est obtenu par l'impôt, mais ce travail a quelque
chose du travail forcé. L'indigène limite son effort
à celui nécessité par le taux de sa capitation. Nous
devons tendre à obtenir de l'indigène un labeur
librement consenti, auquel puisse l'inciter le désir
d'une rétribution plus large que celle destinée
juste à couvrir l'impôt.

Il faudra user d'abord de la persuasion, très

agissante sur des gens convaincus de la supériorité
de ceux qui les conseillent. Mais le facteur puissant, le plus capable de pousser des primitifs à
travailler en vue de gagner de l'argent, c'est l'apparition chez eux de besoins nouveaux.

Nourri par un sol fertile, sur lequel poussent
spontanément ou sans grand labeur des grains et
des fruits, ravitaillé par la chasse et la pêche aux
produits abondants, vivant sous un climat qui permet l'usage de vêtements et d'habitations sommaires, le primitif satisfait aisément à tous ses
besoins : c'est un riche. Il ne fera un effort inac-
coutumé que si des besoins lui naissent, se super-
posent à ceux auxquels il donne si facilement
satisfaction.

Tous les primitifs, les noirs surtout, ont, comme
les enfants, un instinct inné d'imitation. C'est le
même instinct qui porte les enfants à jouer aux
grandes personnes, et les primitifs à adopter,
copier les gestes et les habitudes des civilisés.

Pour s'en convaincre, il suffit de considérer les
noirs transplantés en France ; ils sont vêtus aux
dernières modes, dès qu'ils le peuvent.

Aux colonies, l'indigène, le noir surtout, copie
le blanc avec lequel il est en contact. C'est le désir
de posséder les objets, souvent les plus inutiles,
employés par les Européens, qui le détermine à se
procurer par le travail les sommes nécessaires à
leur achat.

Le besoin d'argent est le seul moyen de pousser
au travail d'indigène (comme d'ailleurs l'Euro-
poen) et le besoin d'argent ne détermine le travail
volontaire que si l'argent permet au travailleur de
satisfaire des désirs. Evidemment l'impôt amène
le primitif à travailler, mais c'est une forme de

travail forcé qui n'a jamais produit que des résultats partiels et temporaires.

Le travail forcé ne peut être imposé que par des moyens indirects. Evidemment, comme nous l'avons vu à Madagascar dans la province de Farafangana, des travaux de routes ont pu être réalisés par l'action directe des miliciens ou des tirailleurs, racolant les indigènes dans les villages, les amenant sur les chantiers, leur imposant des tâches et les obligeant par la force à les accomplir.

Le rendement du système était médiocre, quant à la marche du travail, et s'il avait dû être généralisé, étendu à toute l'île, il eût nécessité un nombre de surveillants égal à celui des travailleurs. A quel prix, même en ne payant pas les ouvriers, reviendrait cette organisation ? Aussi fallut-il à Madagascar recourir à un procédé indirect. Le général Galliéni décida que la réquisition pèserait seulement sur les indigènes n'ayant pas un engagement de travail avec un colon.

Ce fut la création d'une industrie : celle d'*engagiste* d'indigènes. Des gens aussi ingénieux qu'indélicats engagèrent des travailleurs indigènes... à condition que ces indigènes leur versent une certaine somme. Pour éviter les corvées, les ouvriers payants affluèrent et quelques colons véreux se constituèrent ainsi de confortables revenus.

Quelques Européens, en compensation du certificat d'engagement, ne demandaient pas de l'argent : c'était les missionnaires. Les catéchumènes devenaient des engagés, étaient soustraits à la corvée moyennant la fréquentation des prêches et quelques journées de travail dans les rizières de la mission.

Quant aux indigènes trop pauvres pour échapper

à la corvée, ils l'évitaient en prenant la brousse ou en se révoltant ainsi que nous l'avons vu.

Le travail de l'indigène sera volontaire où il n'y aura pas de travail, mais quand l'indigène se met au service du colon, il faut que l'autorité garantisse au travailleur une rémunération raisonnable.

Si, dans nos colonies, s'élèvent constamment des récriminations de colons, se plaignant de la rareté de la main-d'œuvre, de son mauvais rendement, il faut considérer que trop d'entre eux, au début tout au moins de notre occupation, ont tout fait pour démoraliser le travailleur. Des salaires dérisoires, des conditions de travail ne tenant pas compte des mœurs et habitudes du pays, de mauvais traitements, des retenues de salaire, des amendes répétées, réduisant à rien la rémunération du travailleur. Toutes ces vexations firent que l'ouvrier en donnait pour son argent et que, trompé sur sa paye, il trompait à son tour sur son travail.

Au surplus, entre l'Européen et le noir ignorant, traitant pour un travail, la partie n'était pas égale et j'ai vu ceci : Un conducteur des travaux publics chargé de la construction d'une route, traite avec un chef de village à forfait : il s'agissait d'un déblai. Le chef de village, incapable d'estimer le cube de terre à enlever, accepte les propositions du fonctionnaire. Après quinze jours de travail exécuté par les gens de son village, le chef s'aperçoit qu'il n'a pas effectué le quart de sa tâche, que la somme promise est déjà insuffisante pour le labeur accompli ; il abandonne le chantier et le salaire promis. Et le conducteur prétendait forcer le malheureux entrepreneur à exécuter son marché de dupe ! — le gouverneur général s'y opposa.

Au Congo la récolte du caoutchouc, qui fit tant

de victimes, alors que le kilog de la denrée se vendait 10 et 11 francs en Europe, procurait à peine 10 centimes par jour à l'indigène récoltant.

Trop de colons et d'administrateurs ont vu dans l'indigène une main-d'œuvre à peu près gratuite. C'est dans cette conception que nous devons trouver raison, pour la plus grande partie, de l'éloignement de l'indigène à l'égard du travail régulier.

L'administration se doit d'être protectrice des indigènes, en surveillant les tractations des employeurs avec les employés, en établissant des contrats de travail type, et en assurant l'observation des engagements raisonnables consentis par les deux parties.

L'apprivoisement des indigènes, leur ascension vers une civilisation du type de la nôtre, l'habitude du travail créée par des besoins nouveaux ne se réalisent que lentement ; c'est une œuvre de longue haleine. Par la méthode forte, trop généralement employée, on obtient quelques résultats plus rapides, mais ce n'est qu'une apparence. Les mœurs, les actes, les sentiments déterminés par la crainte, inspirés par la force, sont superficiels ; seuls ceux qui résultent du consentement librement donné, sous l'influence d'avantages consciemment ressentis, sont profonds, solides, définitifs.

En fin de compte, là où la manière forte avait échoué, là où, après des apparences de succès, elle avait abouti à des résistances obstinées, se manifestant par la fuite et même par la révolte, comme à Madagascar et en Afrique équatoriale, la méthode de patience et de douceur, substituée à cette manière forte en train d'échouer, a procuré les meilleurs résultats.

Ce que peut être cette méthode de colonisation,

je l'ai exposé dans des Instructions aux lieutenants gouverneurs de l'Afrique équatoriale, instructions que je reproduis ici :

« *Les races peuplant l'Afrique Equatoriale Française sont, en majorité, très arriérées. Dans nombre de régions, avant de songer à leur imposer des obligations sociales, dont elles n'ont jamais conçu même une ébauche, l'Administration doit entreprendre une œuvre d'apprivoisement. Des tribus entières, encore à l'heure actuelle, se refusent à entrer en relations avec nous, fuient à la vue d'un Européen, abandonnent leurs villages, leurs cultures.*

Dans les circonscriptions où vivent ces apeurés, vous chargerez vos meilleurs collaborateurs de l'administration, les plus haut gradés, ceux qui dans leur carrière ont fait preuve d'une culture générale supérieure, ont fourni des preuves certaines de sang-froid, de jugement, de pondération et d'esprit de suite.

Dans les centres importants, chefs-lieux de colonie par exemple, dans les circonscriptions depuis longtemps en mains, marchant toutes seules, se trouvent, conformément à un usage trop fréquemment suivi, les fonctionnaires les plus expérimentés. C'est une habitude à réformer. Sous la surveillance directe du lieutenant gouverneur, au chef-lieu de la colonie, dans les circonscriptions civilisées, mises au point, un agent moyen est capable d'assurer une bonne administration.

Les postes à confier à l'élite des fonctionnaires sont ceux jugés « mauvais postes », là où l'indigène est réfractaire, là où pour réussir il ne suffit pas d'une activité fiévreuse, mais où il faut de l'expérience, du doigté, la faculté de concevoir et pren-

dre les initiatives utiles. Je connais assez l'esprit de dévouement, le sentiment du devoir des administrateurs pour être certain que les plus hauts gradés accepteront volontiers ces postes dans lesquels ils auront à remplir la mission de pionniers de la civilisation, d'éducateurs de races arriérées, honneur et raison d'être de leur corps.

Vous proscrirez absolument les procédés de violence employés dans le but de soumettre les indigènes réfractaires fuyant notre contact. Explicables, plus qu'excusables au début d'une occupation, alors que le pays, le nombre, l'armement, les mœurs des populations sont inconnus, ces procédés sont à condamner sévèrement dans l'état présent. Les tournées de police au cours desquelles tirailleurs ou gardes de milice, trop souvent abandonnés à eux-mêmes, aussi peu civilisés que ceux qu'ils poursuivaient, ont commis les pires excès, n'ont amené aucun résultat heureux. La preuve de leur échec est donnée par la nécessité de les répéter presque chaque année. Par contre, ces mesures brutales ont retardé l'heure où les indigènes se décideront à la soumission. Ces primitifs, au début, s'éloignaient de nous par la défiance de l'inconnu, la crainte d'être troublés dans leurs habitudes ; il eut fallu les rassurer, leur montrer que notre présence ne comporte pas de dangers. Ils devaient nous connaître par les avantages à retirer de notre contact. Par la rigueur, des effets absolument contraires ont été obtenus. Les indigènes ont été affolés par des tournées de police violemment conduites. Les villages abandonnés sur le passage de la colonne, étaient incendiés, les cultures détruites; on tirait sur les groupes en fuite, frappant au hasard. Dès qu'un casque blanc ou une chéchia *rouge était signalée, c'était la fuite de toute la population vers la brousse. Quand plusieurs opérations de ce genre s'étaient succédées dans la même région, on conçoit la haine, la terreur dont le blanc et ses agents indigènes étaient devenus l'objet. L'idée de vengeance, parfaitement excusable, hantait le cerveau des indigènes; l'embuscade menaçait tout agent isolé de l'administration. Un tirailleur ou milicien tombait atteint par quelques flèches. Il fallait punir ce crime, laver l'insulte faite à l'autorité; une nouvelle répression aveugle, atteignant le plus souvent des innocents, frappait les villages, asiles présumés du coupable. Si quelques-uns de ces dissidents se soumettaient, construisaient un village dans un lieu désigné par l'Administration, la capitation, les prestations étaient immédiatement imposées à ces dissidents d'hier; singulier moyen de leur faire apprécier les bienfaits de leur soumission !*

Là où cette politique a échoué, et il n'en pouvait être autrement, vous vous attacherez à apprivoiser les populations, aujourd'hui plus difficiles, c'est certain, à amener à nous que si aucune occupation n'avait encore été effectuée.

Plus de tournées de police, plus de chasse aux réfractaires, aux dissidents, les armes à la main. Il faut habituer peu à peu les indigènes à notre voisinage, puis à notre contact. Ces tentatives de rapprochement seront toujours poursuivies par un fonctionnaire européen, choisi comme particulièrement apte à ce rôle; elles ne seront jamais abandonnées à l'action d'indigènes, en particulier de gardes de milice.

Au voisinage, le plus près possible des groupements dissidents, vous établirez des postes com-

mandés par un Européen. Au début, pendant des semaines, des mois s'il est nécessaire, le poste se montrera indifférent aux faits et gestes de ces dissidents vers qui les occupants du poste ne feront aucune reconnaissance. Fatalement, peu à peu, par curiosité, par l'intermédiaire de trafiquants, des relations se lieront entre le poste et les indigènes. Quelques cadeaux, quelques soins à des blessés ou des malades continueront l'apprivoisement. Un jour des chefs entreront en conversation avec le commandant du poste : ce dernier, à partir de ce moment, pourra agir sur la population réfractaire. Bien entendu, si les chefs ont l'autorité nécessaire pour stabiliser leurs ressortissants dans des villages, pour leur imposer certaines lois élémentaires de la civilisation : le respect de la vie, le respect de la propriété, il faudra se garder de saper leur autorité, de les diminuer aux yeux de leurs subordonnés. L'exigence immédiate de l'impôt, les prestations dont l'indigène ne verrait que la peine, sans compensation, ferait perdre toute influence à des chefs considérés comme responsables, par leur soumission au blanc, des charges nouvelles imposées.

Cette méthode pacifique exigera de la patience, mais elle réussira, alors que l'autre, la méthode de violence n'a connu, dans certaines régions, que des échecs. »

* * *

Si nous voulons suivre cette politique indigène, sans laquelle il n'est pas, dans les régions tropicales, de colonisation possible, il faut que la Métropole renonce à son égoïsme financier, à sa conception obtuse de ses rapports avec les colonies.

L'impôt indigène direct, soit sous forme de versement d'une taxe de capitation en espèces, soit sous forme de prestation en nature : travail ou deniers, ne sera plus la première manifestation de notre occupation ; il ne sera exigé qu'au moment où les indigènes le fourniront en en comprenant le but, en recevant, comme contre-partie, le bénéfice d'institutions à leurs usages, telles que les écoles et les secours médicaux.

Au lieu de commencer par l'impôt, c'est par lui que nous finirons.

De cette conception, de ces pratiques, la conséquence est précise : « *La Métropole doit payer, pendant le temps nécessaire, les dépenses des colonies ; le principe : les colonies se suffisent à elles-mêmes, est un principe faux, à rejeter complètement, définitivement, au début de toute entreprise de colonisation.* » Les colonies arriveront d'autant plus rapidement à se suffire à elles-mêmes et à procurer des bénéfices à la Métropole, que la Métropole les aura plus complètement et généreusement organisées. Nous en sommes encore au système des conquistadors, et nous agissons, ou avons agi, comme des Cortez ou des Pizzare... Avec quelque hypocrisie en plus toutefois, car pour vivre aux dépens des colonies, nous n'avons pas eu besoin de brûler nos vaisseaux.

Tant que l'indigène ne sera pas notre auxiliaire volontaire, amené à nous par la naissance à notre contact de besoins nouveaux, par la sensation du bien-être dû à notre présence, la Métropole fournira les sommes nécessaires aux frais de l'administration, à la constitution de l'outillage économique de ses colonies.

M. Sarraut, dans son passage au Ministère des

colonies, a vu et proclamé cette obligation de la Métropole, de *dépenser* pour ses colonies. Malheureusement la conception est demeurée dans le domaine des idées ; des discours ne sont pas des réalisations. Le vaste projet de M. Sarraut est resté à l'état d'intention, parce qu'irréalisable en raison de notre situation financière, et, la situation financière cût-elle été meilleure, irréalisable encore parce que embrassant à la fois toutes nos colonies et tous les travaux possibles, il ne reposait, dans chaque colonie, que sur des avant-projets sans études suffisantes, tous placés sur le même plan et faisant ressortir une somme énorme de dépenses immédiates, non suffisamment justifiées.

L'idée était excellente ; sa réalisation est à reprendre complètement, sur des bases sérieuses et nouvelles.

*
* *

Je n'ai voulu dans ces observations, conclusion pratique de l'histoire de la révolte de 1904, qu'esquisser les règles de notre politique indigène. J'aurais beaucoup à dire sur bien des points en dépendance étroite de cette politique, sur l'assistance médicale, sur le rôle des missions religieuses : je dois me borner.

Aussi bien, je n'ai pas voulu écrire un traité de colonisation, mais simplement, dans ma passion pour la vérité, montrer les réalités dissimulées derrière un optimisme officiel, et stigmatiser avant tout, au nom de la justice, de l'humanité, les pratiques indignes dont ont été trop souvent victimes les indigènes de la part de leurs civilisateurs.

TABLE DES MATIÈRES

ACHEVÉ D'IMPRIMER LE 29 AVRIL 1927, SUR LES PRESSES DE JACOUB & C¹ᵉ IMPRIMEURS 23, RUE DE LA MARE, PARIS (XXᵉ)